ENCYCLOPÉDIE ÉCONOMIQUE
DES ÉCOLES & DES FAMILLES
A. BURDEAU
DÉPUTÉ DE LYON
Continuée par
M. W. MARIE-CAROINE
INSPECTEUR D'ACADÉMIE
COURS
DU CERTIFICAT D'ÉTUDES
(ARRÊTÉ MINISTÉRIEL : 29 DÉCEMBRE 1891)
MANUEL
D'ÉDUCATION MORALE
PAR
A. BURDEAU
TRAVAIL
PROBITÉ
A. PICARD ET KAAN
ÉDITEURS
Voir au dos les ouvrages composant la Collection Burdeau

COLLECTION BURDEAU

ENCYCLOPÉDIE ÉCONOMIQUE
DES ÉCOLES ET DES FAMILLES

COURS MOYEN. — CERTIFICAT D'ÉTUDES
(ARRÊTÉ MINISTÉRIEL DU 29 DÉCEMBRE 1891)

A. BURDEAU

MANUEL
d'Éducation Morale

40 Leçons
40 Entretiens. — 42 Devoirs d'examens

20 GRAVURES EXPLIQUÉES

NOUVELLE ÉDITION
REVUE, MISE A JOUR ET AUGMENTÉE
PAR
M. ÉDOUARD PETIT
Inspecteur général de l'Instruction publique

PARIS
Librairie d'Éducation Nationale
ALCIDE PICARD ET KAAN, ÉDITEURS
11, 18 et 20, RUE SOUFFLOT.

LES LIVRES CLASSIQUES A BON MARCHÉ

Collection Burdeau

De toutes parts, les instituteurs, les municipalités et les familles nous pressent de leur fournir une collection classique qui tranche sur toutes les précédentes par son format réduit et son bon marché.

Les auteurs des livres en usage, par une émulation naturelle, n'ont travaillé depuis plusieurs années qu'à rendre leurs ouvrages plus complets, et par suite plus compacts. Le bagage de livres de l'écolier a pris ainsi peu à peu des dimensions exagérées. En même temps le prix de sa petite bibliothèque ne laisse pas que de paraître un peu lourd à la bourse souvent modeste des parents.

Nous avons entrepris, avec un groupe d'auteurs éminents, de condenser les matières du certificat d'études primaires en volumes édités avec le plus grand soin et à un bas prix extrême. Ces ouvrages, nous avons voulu qu'ils fussent clairs et exacts autant que concis.

L'élève qui se sera rendu maître du contenu de chacun des livres de la COLLECTION BURDEAU pourra affronter sans hésitation l'examen du certificat. Il entrera dans la vie avec un bagage d'instruction simple mais bien coordonné. Alors il lui sera loisible de le développer en recourant à des ouvrages plus étendus.

LES ÉDITEURS.

ÉDUCATION MORALE

CHAPITRE PREMIER

DEVOIRS DE FAMILLE

Sommaire. — Leçon préliminaire : L'Instruction morale. — Deuxième leçon : Qu'est-ce qu'il importe le plus de savoir? — Troisième leçon : Les premiers des devoirs sont les devoirs de famille.

LEÇON PRÉLIMINAIRE

L'INSTRUCTION MORALE

Mes enfants, *l'Instruction morale* nous apprend comment nous devons nous conduire, aujourd'hui et plus tard, pour être **d'honnêtes gens et de bons Français**, comme ceux qui ont vécu avant nous. C'est par là que nous commencerons.

D'abord, je ne vous demanderai pas :

« *Lequel vaut le mieux d'être instruit ou de rester ignorant?* » La meilleure réponse que vous puissiez faire, c'est que vous êtes ici, et que vous m'écoutez tous avec attention.

Mais vous vous trouveriez peut-être plus embarrassés,

si, au lieu de vous faire cette question, je vous posais celle-ci :

« *Qu'est-ce qu'il importe le plus de savoir ?* »

DEUXIÈME LEÇON

QU'EST-CE QU'IL IMPORTE LE PLUS DE SAVOIR ?

— Oh ! voilà bien des mains qui se lèvent : une, deux, trois, quatre, cinq... tout le monde veut répondre. J'entends dire : ici, la lecture ! là, le calcul ! là-bas, l'histoire !

Assurément, mes enfants, il y a bien des choses à savoir. Par exemple, Jacques n'a pas tort de dire que la *lecture* passe avant tout : c'est par ce savoir-là qu'il faut commencer, puisqu'il donne la clé de tous les autres ; il vous ouvre les livres, et *les livres sont comme autant de maîtres* chargés d'aider votre instituteur pendant que vous êtes à l'école et de le remplacer durant le reste de votre vie.

Il n'est pas moins important de savoir *écrire* et *calculer* : il n'y a personne qui n'ait, de temps à autre, besoin d'envoyer une lettre à un absent, de dresser et signer un contrat ou un bail, ou bien, enfin, de régler un compte d'argent. Et celui qui ne sait pas se rendre à lui-même ces petits services, est forcé de les demander aux autres et de se mettre aveuglément dans leurs mains, comme le ferait un petit enfant.

Mais il y a une chose qu'il importe plus encore de savoir que toutes celles-là. Quelle est cette chose ? Pouvez-vous le dire ?

Ah ! cette fois, personne ne se presse de répondre. Eh bien ! réfléchissez un peu. Pourquoi est-il si nécessaire que vous sachiez lire des livres instructifs et pleins de bons conseils ? Pourquoi est-il si nécessaire que vous sachiez écrire vos lettres, mener vos petites affaires et calculer vos intérêts ? C'est parce que les livres vous aideront à être des **hommes éclairés, justes et bons.** C'est aussi parce que l'homme qui sait conduire son affaire *est plus capable d'aider les siens,* de devenir un appui pour ses parents, et qu'il est plus à même de rendre service à ses voisins, à ses concitoyens, enfin à tout son pays.

Ainsi, vous le voyez, tout le savoir que votre maître tâche de vous donner, il vous le donne afin que vous vous en serviez

Avec de l'instruction on n'est pas seulement utile à soi, mais encore à ses concitoyens.

pour devenir des hommes utiles, des **hommes de bien.**

Il est donc vrai de dire que ce qu'il importe le plus de savoir, c'est comment on devient un homme de bien. Et, par conséquent, il n'y a pas de science qui passe avant l'éducation morale. Aussi, dans la loi, elle se trouve inscrite en tête de toutes les connaissances que sont obligés d'apprendre tous les enfants de France.

TROISIÈME LEÇON

LES PREMIERS DES DEVOIRS SONT LES DEVOIRS DE FAMILLE

La première chose à faire, pour un enfant qui veut suivre dans la vie le droit chemin, c'est **d'apprendre à se bien conduire dans sa famille.**

En effet, celui qui aura su faire son *devoir envers ses parents* sera tout préparé d'avance à se comporter honnêtement plus tard avec *ses maîtres* à l'école, avec *ses patrons* à l'atelier, avec *ses chefs* à l'armée et avec *ses supérieurs* en toute circonstance.

Pareillement, celui qui aura su être *bon frère* trouvera tout naturel ensuite d'être bon camarade, bon ami et plein de bonté pour tous ses semblables.

La famille est comme une école où l'enfant s'exerce naturellement à tous les devoirs qu'il aura à remplir durant sa vie.

Sachons donc d'abord quelles sont nos obligations envers les membres de notre famille.

Lincoln, Président de la République des Etats-Unis (1805-1865). Un jour que ses amis, fiers de son élévation, venaient le féliciter et qu'ils l'appelaient le **Grand homme,** Lincoln leur répondit : *Donnez-moi un autre nom, mes amis, et il me touchera davantage. Dites que j'ai voulu être* un bon fils, *car tout ce que je suis, tout ce que je voudrais être, c'est à ma mère que je le dois.*

ENTRETIENS

1. Quelle est l'utilité du savoir?

Le savoir seul rend l'homme indépendant et maître de lui-même.

2. Quel est le plus grand malheur de l'ignorant?

Le plus grand malheur de l'ignorant c'est de ne pas connaître combien son état est misérable.

3. Pourquoi le savoir est-il estimable?

Le savoir est estimable, parce qu'il nous rend l'honnêteté plus facile.

4. Quelle est la connaissance qu'il faut placer au-dessus des autres?

Au-dessus de toutes les connaissances, nous devons placer la connaissance du bien et des moyens d'y arriver.

5. A quoi sert l'instruction morale et civique?

Par l'instruction morale et civique, nous acquerrons les connaissances nécessaires pour devenir des hommes honnêtes et de bons Français.

6. A quoi est exposé l'homme qui n'a pas reçu l'instruction morale et civique?

Sans l'instruction morale et civique, l'homme est aussi exposé à mal agir qu'un aveugle à faire un faux pas.

7. Y a-t-il quelque chose d'aussi utile à l'homme que le pain et le vêtement?

Il y a quelque chose d'aussi nécessaire à l'homme que le pain et le vêtement: c'est l'*éducation morale.*

8. Comment la famille est-elle une école?

La famille est l'école où l'on apprend la pratique de tous les devoirs.

9. Comment apprend-on à se bien conduire avec ses supérieurs?

En se conduisant bien avec ses père et mère, on apprend à se bien conduire avec ses supérieurs.

10. Comment se prépare-t-on à se bien conduire avec ses égaux?

En se conduisant bien avec ses frères et sœurs, on apprend à se bien conduire avec ses égaux.

11. Quel est l'enfant qui saura bien aimer sa patrie?

L'enfant qui aura bien aimé sa mère saura bien aimer sa patrie.

12. Quels enfants deviendront respectueux envers les lois?

Les enfants respectueux envers leurs parents font les citoyens respectueux envers les lois.

Devoirs d'examen.

I. Expliquez l'utilité de l'instruction et les inconvénients de l'ignorance. — Dites pourquoi l'instruction morale et civique est d'une grande importance.

II. Expliquez cette pensée : la famille est la première école de toutes les vertus.

III. Montrez qu'en remplissant ses devoirs de famille on apprend à remplir ses devoirs envers tout le monde.

CHAPITRE II

LES DEVOIRS ENVERS LES PARENTS
L'OBÉISSANCE

Sommaire. — Quatrième leçon : L'Obéissance aux parents. Il faut obéir par bon sens. — Cinquième leçon : L'Obéissance aux parents *(suite)*. Il faut obéir par reconnaissance et par devoir.

QUATRIÈME LEÇON

L'OBÉISSANCE AUX PARENTS. — IL FAUT OBÉIR PAR BON SENS

Un enfant qui n'aurait pas ses parents d'abord pour le nourrir, et puis pour le protéger contre tous les périls de la vie, mourrait bien vite et bien misérablement. Dans son jeune âge, il ne peut ni chercher la nourriture dont il a besoin, ni se défendre du froid, dont la moindre atteinte peut le tuer, ni même se servir de ses membres.

Il est nu, il est débile, il est comme aveugle. Pendant plusieurs années, l'enfant reste dans un état de faiblesse extrême et dans l'impuissance de se suffire.

Ses parents viennent alors sans cesse à son secours et l'entourent de mille soins ; au prix de continuels soucis, ils le sauvent et lui font une santé.

Mais encore faut-il que l'enfant ne gâte pas leur œuvre par son imprudence, car *l'usage de ses membres lui vient plus vite que l'expérience et la sagesse,* qui sont cependant nécessaires pour s'en servir utilement.

C'est donc toujours l'intérêt de l'enfant d'obéir à ses parents, car ils connaissent mieux la vie que lui. Ainsi, mes enfants, réfléchissez un moment : vous verrez que si vous savez quelque chose et si vous commencez à pouvoir vous suffire en quelques menus détails, c'est de vos parents surtout que vous l'avez appris.

Vous savez qu'il faut être **honnête** avec les grandes personnes, **serviable** avec ses camarades, qu'il faut se faire bien venir de ses parents et des personnes âgées. De qui tenez-vous cela, si ce n'est de votre **père** et de votre **mère** ?

Mes amis, afin de ne jamais l'oublier, répétez donc bien souvent cette vérité : c'est que *sans l'obéissance, par inexpérience, vous vous seriez blessés cent fois déjà, empoisonnés, tués* ou bien vous vous seriez rendus insupportables aux autres, faute de **savoir-vivre.** *Sans l'obéissance l'enfant ne pourrait pas subsister.*

CINQUIÈME LEÇON

L'OBÉISSANCE AUX PARENTS (*suite*). — IL FAUT OBÉIR PAR
RECONNAISSANCE ET PAR DEVOIR

Le plus grand défaut de la désobéissance, ce n'est pas

encore d'exposer l'enfant à beaucoup de dangers ; elle a surtout pour effet de **chagriner les parents.**

Les parents ne commandent aux enfants que pour le bien de ceux-ci. S'ils n'aimaient pas leurs enfants plus que leur propre repos, ils ne se tourmenteraient pas à les surveiller, à les corriger et à réparer leurs petites fautes. *La sollicitude ne peut venir que d'une grande affection.*

Souviens-toi toujours, mon petit Jean, que les enfants obéissants sont aimés de tout le monde.

Les enfants doivent payer de retour cette affection.

Rien ne leur est plus facile d'ailleurs. *Les enfants ne savent pas combien ils peuvent contribuer au bonheur de leurs parents.* Les caresses d'un enfant aimant, ses paroles affectueuses, ses petits soins, suffisent déjà pour faire entrer la joie dans la maison. Mais c'est surtout par sa **docilité** que l'enfant peut réjouir ses père et mère.

Par là, en effet, non seulement il complaît à ses parents, qui voient leurs volontés respectées ; mais il les rassure pour son propre avenir. Ils se disent : — Nos conseils serviront de guide à notre enfant. Il marchera toujours dans la voie que nous lui aurons ouverte. *Il sera donc un honnête homme.* Et cette pensée suffit pour donner aux parents un grand contentement.

Ce contentement, mes amis, leur est bien nécessaire ; car leur vie est souvent pénible et toujours laborieuse, et presque toute la peine qu'ils prennent, c'est pour vous assurer le pain et les autres choses nécessaires.

Il y a des enfants qui, au contraire, attristent leurs parents par leur **désobéissance** et leur **ingratitude**. On ne songe pas sans horreur à ces malheureux **dénaturés**.

Peut-être faut-il les prendre surtout en pitié : car ils n'ont sans doute pas réfléchi à l'injustice et à la méchanceté de leur conduite.

Il faut aussi obéir par obligation. L'obéissance n'est pas seulement une preuve de bon sens et de bon cœur. *Elle est avant tout un devoir.*

Il n'est personne qui ne s'incline devant ce mot : **devoir.** L'enfant lui-même a pu voir quelle puissance ce mot a sur ses parents. *Le devoir est sacré, le devoir est inviolable, le devoir est irrésistible.*

Le devoir se nomme encore **la loi morale.**

Mais *connaître le devoir,* ce n'est le fait que d'une personne mûre, raisonnable et expérimentée. Un enfant n'en est pas capable, et ne le devient que petit à petit. *Un enfant n'est pas encore une personne.* C'est pourquoi, s'il veut suivre le devoir, il faut qu'il s'en remette à de plus sages, et surtout à ses parents. Ceux-ci ont appris à connaître ce qui est juste et bon en chaque circonstance. Ils l'enseignent à leurs enfants en leur commandant des choses honnêtes et droites.

L'obéissance envers vos parents est donc la meilleure préparation à l'obéissance envers la loi du devoir, c'est-à-dire à une vie digne et heureuse.

ENTRETIENS

1. Qu'est-ce que le bon sens nous commande envers nos parents ?

Le bon sens nous commande d'obéir à nos parents.

2. A qui l'enfant qui désobéit fait-il le plus de tort ?

L'enfant qui désobéit à ses parents, se fait surtout

du tort à lui-même, il se prive de ses guides naturels et s'expose à rester sans protection.

3. A qui devons-nous ce que nous sommes?

Tout ce que nous sommes, nous le devons à nos parents.

4. Qu'est-ce que les parents ont en vue, quand ils commandent à leurs enfants?

Les parents ne commandent aux enfants que pour leur bien.

5. Qu'est-ce qu'un ingrat?

Celui qui ne récompense pas l'affection par l'affection est un ingrat.

6. Comment un enfant peut-il payer à ses parents les soins qu'il en a reçus ?

L'enfant peut payer les soins de ses parents et les rendre heureux ; il suffit qu'il soit docile, qu'il profite de leurs leçons, qu'il mérite devant eux les éloges de ses maîtres et des autres personnes.

7. Sur quoi l'enfant docile rassure-t-il ses parents?

Un enfant docile rassure ses parents sur son avenir.

8. Comment le devoir parle-t-il aux hommes? Aux enfants?

Le devoir parle aux hommes par l'intermédiaire de leur conscience, et aux enfants par la bouche de leurs parents.

Devoirs d'examen.

I. Exposez les raisons pour lesquelles l'obéissance est nécessaire à l'enfant.

II. Expliquez ce que c'est qu'un devoir. — Dites pourquoi c'est un devoir d'obéir à ses parents.

CHAPITRE III

LA DÉSOBÉISSANCE. — LES DEVOIRS DES ENFANTS D'APRÈS LE CODE[1]

Sommaire. — SIXIÈME LEÇON : Les enfants désobéissants et ingrats. — SEPTIÈME LEÇON : Les devoirs des enfants d'après le code civil. — HUITIÈME LEÇON : Les devoirs des enfants majeurs. NEUVIÈME LEÇON : Les devoirs des enfants envers leurs parents âgés.

SIXIÈME LEÇON

LES ENFANTS DÉSOBÉISSANTS ET INGRATS

Il y a des enfants qui mettent leur **orgueil à ne pas obéir**. Ils se croient de bien grands personnages parce qu'ils n'en font qu'à leur tête. Mais comme cette petite tête n'en sait pas bien long encore, elle les conseille fort mal et ils ne réussissent qu'à faire des bévues dont ils souffrent tout les premiers, et les rendent ridicules.

Si Louis Grandet avait obéi à son père, il ne lui serait rien arrivé.

D'autres sont comme Louis Grandet, qui ne voulait jamais obéir sans avoir **raisonné** un grand quart

1. Consulter *Notions de Droit usuel, de Droit commercial et d'Économie politique*, par Reverdy et Burdeau.

d'heure. L'autre jour, en passant devant la maison du boucher, son père lui disait de ne pas approcher du chien : Louis n'a pas voulu l'écouter sur-le-champ, il a demandé comme d'habitude des explications, et pendant ce temps-là le chien s'est jeté sur lui, lui a enlevé le fond de sa culotte, et peut-être bien un petit morceau de la peau avec !

Au lieu de demander le pourquoi de tout, il aurait mieux fait de se rappeler que **la promptitude est le commencement de la vraie obéissance.** Notez que, le plus souvent, ces jeunes raisonneurs ne seraient pas à même de comprendre l'explication qu'ils demandent, parce qu'elle dépasse leur âge et leur esprit.

Voyez dans l'armée, si le soldat demande à l'officier les raisons des manœuvres qu'on lui commande en guerre? Voyez s'il exige qu'on discute avec lui le plan de campagne qui a été dressé par les généraux les plus expérimentés et les plus habiles? Non ; il marche de bon cœur, en pleine confiance.

Et le malade? demande-t-il au médecin, avant de prendre un remède, qu'on lui en explique l'effet et qu'on lui en démontre l'utilité par des raisons savantes? Non, car il aurait le temps de mourir avant. Ou bien alors, il ferait comme le *Malade imaginaire* de Molière[1], qui, pour mieux juger son médecin, étudie et se fait recevoir docteur lui-même.

Enfin, quelques enfants — mais ceux-là sont pires — ne veulent pas obéir, *sous le prétexte que leurs parents sont moins instruits qu'eux-mêmes.* Il est vrai, en effet, que vos parents n'ont pas eu le bonheur de commencer leur vie dans une époque éclairée comme la nôtre et que beaucoup n'ont pu échapper à l'ignorance ; mais ce qui fait leur honneur, c'est qu'ayant connu à leurs dépens les inconvénients

1. Molière (Jean-Baptiste Poquelin, dit), né en 1622, mort en 1673. Le plus grand poète comique français.

de l'ignorance, ils ont courageusement entrepris de créer à grands frais des écoles, afin d'instruire leurs enfants et tous les enfants de France. Voilà ce qu'ils ont fait. Et il faudra en récompense qu'ils se voient reprocher leur malheur par leurs enfants! C'est là une indignité, et celui qui s'en rend coupable ne mérite pas l'instruction, puisqu'elle ne lui inspire pas des sentiments meilleurs et plus justes.

Un enfant qui a du bon sens comprend, au contraire, fort bien que chez les personnes âgées, l'expérience et la sagesse naturelle suppléent souvent au savoir, surtout au petit savoir que peut contenir une jeune tête.

Et de même, il ne se mêle pas de décider si ses parents sont sans défauts, comme certains enfants qui découvrent des imperfections à tout le monde, et qui ne trouvent personne assez parfait pour être digne de les commander. Un enfant doit se garder de porter des jugements sur autrui, car le plus souvent il le fait à la légère et inconsidérément.

SEPTIÈME LEÇON

LES DEVOIRS DES ENFANTS D'APRÈS LE CODE CIVIL

Les **devoirs** essentiels des enfants envers leurs parents sont **reconnus par la loi** : le législateur les a même inscrits en tête du **code civil**.

Dans les temps anciens, alors que les hommes étaient encore à demi barbares, l'autorité du père était beaucoup plus absolue qu'aujourd'hui. Ainsi, chez les premiers Romains, le père avait *droit de vie et de mort* sur ses enfants; il pouvait les vendre comme esclaves, ou les exposer sur les grands chemins. L'enfant était une chose, une propriété entre les mains de son père.

Peu à peu, l'autorité du père a pu sans inconvénient devenir plus douce. Aujourd'hui elle est tout à fait modérée et raisonnable; aussi n'en est-elle que plus digne de respect.

Jusqu'à l'âge de *vingt et un ans* révolus, la loi française appelle l'enfant un **mineur**; passé vingt et un ans, il est **majeur**. Toutefois, dès l'âge de *quinze ans*, il peut être **émancipé**, si ses parents le jugent bon, et *alors il a les droits d'un majeur.*

L'enfant *mineur* est placé sous l'**autorité paternelle** : il doit obéissance à ses parents; il ne peut quitter leur maison sans leur permission.

Si, par sa mauvaise conduite, il leur donne des sujets de mécontentement graves, ses parents peuvent même le faire **emprisonner** dans une maison de correction : tant que l'enfant n'a pas **seize ans**, un ordre de son père suffit pour l'envoyer en prison *pour un mois*. De seize à vingt et un ans, le juge intervient pour examiner la faute de l'enfant; et si cette faute est reconnue grave, alors ce n'est plus pour un mois, c'est *pour six mois* que le coupable peut être enfermé.

C'est un *droit redoutable* que celui dont le père est ainsi armé. En le lui donnant, le législateur a voulu nous apprendre *qu'un père est au-dessus de sa famille, de la même façon qu'un magistrat est au-dessus de ses concitoyens*, et que, **lui désobéir, c'est se révolter contre la loi elle-même.**

HUITIÈME LEÇON

LES DEVOIRS DES ENFANTS MAJEURS

Les devoirs des enfants *changent avec l'âge;* mais **ils ne diminuent pas** : ils augmentent plutôt.

Une fois arrivé à sa **majorité**, l'enfant doit être assez raisonnable pour répondre de ses actes : ses parents sont donc déchargés de leur responsabilité. Cependant, l'enfant a encore besoin de leurs bons

conseils; il doit continuer à les entourer d'**honneur et de respect**. Ainsi parle la **loi française**.

Toutefois, il est encore un acte de sa vie, pour lequel l'enfant reste soumis durant un temps à la volonté de ses parents; c'est le *mariage*. Jusqu'à l'âge de **vingt-cinq ans**, les garçons ne peuvent se marier contre le gré de leurs parents. Pour les filles, comme il est d'usage qu'elles s'établissent plus jeunes, la défense de se marier ne peut être maintenue par les parents que jusqu'à la **vingt et unième année** révolue.

De plus, même une fois cet âge passé, il faut que les enfants demandent le **consentement de leurs parents**; en ce cas, ils sont obligés d'adresser un acte respectueux au père et à la mère, ou à défaut des parents à l'ascendant qui s'oppose au mariage. On peut alors se marier un mois après.

En résumé, les parents peuvent imposer à leurs enfants, quand ceux-ci veulent se marier contre le gré de la famille, une attente qui peut durer *des années* si les enfants sont encore jeunes, et qui ne dure qu'*un mois* si les enfants sont d'âge plus mûr. *Le temps de réflexion est ainsi proportionné à la raison des enfants*, ce qui est juste.

NEUVIÈME LEÇON

LES DEVOIRS DES ENFANTS ENVERS LEURS PARENTS AGÉS

Une dernière **obligation légale** des enfants, c'est de fournir à leurs parents vieux et sans ressources des *aliments*, c'est-à-dire le nécessaire pour subsister. Seuls les enfants dénaturés pourraient faillir à ce devoir. Ils sont alors traité ces **mauvais débiteurs** contre qui leur créanciers sont obligés de faire marcher les huissiers. Et, en effet, la nourriture et les dépenses de toute sorte qu'ont coûtées les enfants sont une dette contractée par eux envers leurs parents, et même c'est là la plus sacrée de toutes les dettes.

Quant au **dévouement** et à la **tendresse** dont vos parents vous ont entourés, c'est là aussi une dette: mais *elle ne saurait*

Le plus grand bonheur des parents est de se voir aimés, honorés et respectés par leurs enfants.

être payée par de l'argent, et la loi renonce à la faire solder à ceux qui ne s'en acquittent pas d'eux-mêmes: **d'un mauvais cœur, on ne peut pas tirer un bon sentiment.**

ENTRETIENS

1. Que sont les devoirs des enfants envers leurs parents?

Les devoirs des enfants envers leurs parents sont la conséquence des bienfaits qu'ils en reçoivent.

2. En quoi consiste la vraie obéissance?

La véritable obéissance est celle où le cœur et la volonté sont d'accord pour exécuter ou prévenir les ordres des parents?

3. A qui ressemble l'enfant raisonneur?

Le raisonneur qui veut des explications pour obéir, ressemble à un malade qui discuterait avec le

médecin avant de prendre le remède qui peut le sauver.

4. Qu'est-ce que la promptitude dans l'obéissance?

La promptitude est la moitié de l'obéissance.

5. Que faut-il penser de l'enfant qui se croit au-dessus de ses parents, parce qu'il est plus instruit qu'eux?

L'enfant vaniteux qui se croit au-dessus de ses parents, parce qu'il a reçu plus d'instruction qu'eux, ne méritait pas ce bienfait.

6. Un enfant peut-il juger quelqu'un?

Un enfant ne doit jamais juger personne.

7. Qu'est l'enfant qui chagrine ses parents?

L'enfant qui chagrine ses parents, qui ruine et détruit leur santé à force de leur rendre la vie triste, est un mauvais fils.

8. Qu'est-ce que le Code civil impose aux enfants?

Le Code civil impose aux enfants des devoirs d'obéissance envers leurs parents.

9. Qu'arriverait-il si les enfants n'étaient pas formés à l'obéissance par leur famille?

Si les enfants n'étaient pas formés à l'obéissance dans leur famille, ils ne sauraient pas plus tard obéir aux lois, et il n'y aurait plus de société possible.

10. Quels devoirs ont envers leurs parents les enfants mineurs? — A quelles peines s'exposent-ils en y manquant?

Les enfants mineurs doivent le respect et l'obéissance à leurs parents. S'ils y manquent, ils peuvent être enfermés pour un mois ou pour six mois dans une maison correctionnelle.

11. Que doivent à leurs parents les enfants majeurs?

Les enfants majeurs doivent respect et honneur à leurs parents.

12. Jusqu'à quel âge les enfants ne peuvent-ils se marier sans le consentement des parents?

Les fils jusqu'à vingt-cinq ans, les filles jusqu'à vingt et un ans, ne peuvent se marier sans le consentement de leurs parents.

13. Que doivent, d'après la loi, les enfants à leurs parents âgés et pauvres?

Les enfants doivent à leurs parents âgés et pauvres des secours qu'on nomme aliments.

14. Que leur doivent-ils encore, en dehors des prescriptions de la loi?

La loi ne peut pas exiger d'eux davantage; mais, à moins d'encourir le mépris public, les enfants doivent aimer toujours leurs parents et adoucir leur vieillesse.

Devoirs d'examen.

I. En quoi consiste l'ingratitude des enfants, pourquoi est-elle condamnable? — Montrez que les enfants ingrats risquent d'être punis un jour par leurs propres enfants.

II. Comment se fait-il que les enfants d'aujourd'hui sont souvent plus instruits que leurs parents? Quels bienfaits en recueillent-ils les uns et les autres?

III. Expliquez pourquoi les devoirs de l'enfant envers ses parents sont en tête du Code civil. — Devoirs légaux de l'enfant mineur. — Devoirs légaux de l'enfant majeur.

CHAPITRE IV
MAITRES ET ÉCOLIERS

Sommaire. — Dixième leçon : Devoirs envers l'instituteur. — Onzième leçon : L'instituteur est un magistrat. — Douzième leçon : L'école d'autrefois et l'école d'aujourd'hui. — Treizième leçon : Les maîtres d'autrefois et les maîtres d'aujourd'hui.

DIXIÈME LEÇON
DEVOIRS ENVERS L'INSTITUTEUR

— Mes amis, aujourd'hui, c'est **M.** l'inspecteur qui va vous questionner sur l'instruction morale. Paul, voulez-vous commencer?

Mon enfant, je vais vous interroger sur les devoirs des élèves envers leurs instituteurs. Je sais que votre maître ne vous a pas encore fait de leçon là-dessus ; il allait seulement y arriver aujourd'hui. Mais cela n'y fait rien. Avec un peu de réflexion, vous trouverez tout seul : ce n'est qu'une affaire de bon sens et de bon cœur.

Voyons, mon ami, quand vous entrez en classe, quelle est la première chose que vous faites ?

— Monsieur, nous allons dire bonjour à M. l'instituteur, en le saluant.

Par son travail, l'ouvrier nourrit, habille et élève ses enfants.

— C'est très bien. Et pourquoi le saluez-vous ?

— C'est mon père qui me l'a appris. Il me dit toujours qu'il **veut que je respecte M.** l'**instituteur** et que je lui obéisse, comme j'obéirais à lui-même.

— Votre père a raison. Vos parents, mes enfants, savent que l'instruction est indispensable. Voilà pourquoi ils veulent vous en assurer le plus possible.

Seulement, ils ne pourraient pas vous la donner eux-mêmes. Voyons, ami Paul, que fait votre père ?

— Il est maréchal-ferrant, monsieur.

— Je suis sûr qu'il travaille beaucoup ?

— Oh ! oui, monsieur ; le matin, il se lève à cinq heures, même en hiver, quand il fait noir. Il reste le soir jusqu'à la pleine nuit à battre le fer avec un gros marteau, devant le feu de la forge.

— Eh bien ! vous voyez qu'il ne pourrait pas vous instruire lui-même ; il n'en a pas le temps ; il travaille sans cesse pour vous nourrir, vous habiller, vous élever.

Et puis il y a encore une autre raison. Les bons parents veulent toujours que leurs enfants deviennent plus instruits qu'ils ne le sont eux-mêmes.

Ils aiment à voir leurs enfants aller en tout plus loin qu'ils ne sont allés ; et c'est ce qui fait le *progrès*.

Voilà pourquoi vos parents ont préféré vous confier tous à un homme plus habile, ayant de l'expérience et sachant la bonne manière d'enseigner. Nos députés ont pour cela demandé au Gouvernement d'envoyer dans toutes les communes des gens instruits et dévoués à l'éducation de la jeunesse.

L'instituteur est donc le représentant des pères de famille, avec l'autorisation du Gouvernement.

ONZIÈME LEÇON

L'INSTITUTEUR EST UN MAGISTRAT

Ce n'est pas tout encore.

L'instituteur est comme un **magistrat**, c'est-à-dire un *représentant de l'État*, et c'est la **France** elle-même qui l'a chargé de vous donner l'instruction. Savez-vous pourquoi ? Je vais vous le dire.

Un homme sans instruction est souvent un **ouvrier médiocre**, et par conséquent mal payé ; il est exposé à tomber dans la misère, et alors au lieu *d'aider ses semblables*, comme c'est le devoir de tout homme, *il est à leur charge* et il vit de l'assistance publique.

Un homme sans instruction est presque forcément un médiocre citoyen : il ne peut pas juger les *affaires de la nation*, et cependant, le jour des élections il vote et se mêle comme les autres de donner son avis et de choisir ceux qui gouverneront tout.

Un homme sans instruction est presque forcément un mauvais citoyen.

C'est comme si le premier venu, sans avoir jamais touché la truelle ni le rabot, se mettait à donner des ordres aux maçons et aux menuisiers. Enfin un homme sans instruction ne fait pas un **bon serviteur du pays**.

Cette instruction, celui qui la donne, exerce une véritable magistrature morale et sociale vis-à-vis de l'enfance et de l'adolescence ouvrière et rurale. La convention le saluait d'avance sous le nom *d'éducateur national*.

L'État ne veut donc pas d'ignorants; aussi le **Gouvernement de la République** a-t-il décidé, le 28 mars 1882, que les parents seraient désormais obligés de donner à leurs enfants l'instruction primaire, soit en les envoyant à **l'école**, soit en les faisant instruire dans **la famille**; il ne leur est donc plus permis de laisser vagabonder leurs enfants, ni de les abandonner à l'ignorance, pas plus qu'il ne leur est permis de les priver de nourriture et de vêtements. C'est ainsi qu'on a établi *l'instruction obligatoire* pour tous.

Votre instituteur, mes enfants, est choisi par l'État. C'est comme si le Gouvernement lui disait: — *Va! je te remets ces enfants. Ils devront t'obéir, te respecter et t'écouter, parce que tu dévoues ta vie pour les sauver de l'ignorance : tu feras d'eux des enfants capables de servir leur famille, des hommes sachant aider leurs semblables, des citoyens aimant leur pays et prêts à le défendre au jour du danger. Fais cela, et tu seras honoré de tous.* Car **c'est la France de l'avenir que tu as dans tes mains.**

DOUZIÈME LEÇON

L'ÉCOLE D'AUTREFOIS ET L'ÉCOLE D'AUJOURD'HUI

— Mes enfants, je n'ai plus rien à ajouter sur vos devoirs d'écoliers. M. l'inspecteur vous a tout dit; et j'ai bien vu, à votre manière d'écouter la leçon, que ses explications vous intéressaient.

D'ailleurs, **aujourd'hui**, tout le monde s'intéresse aux choses de l'instruction. Ce n'est pas comme **autrefois**, quand on disait *« qu'il ne fallait pas trop instruire le peuple, parce qu'alors il ne se laisserait plus mener. »* Et vous savez où on le menait. **A des** guerres comme celles qui ont entraîné les invasions de 1814 et de 1815, aux désastres de 1870, d'où nous sommes sortis après avoir perdu *cent mille sol-*

dals, sans parler des **5 *milliards*** qu'il a fallu payer, et des **départements alsaciens-lorrains** que les Allemands ont gardés sous leur domination. Ah ! oui, ceux qui ont vu ces choses font bien d'aimer l'instruction, de vouloir qu'on instruise leurs enfants, pour qu'ils comprennent les affaires du pays et qu'ils ne se laissent plus tromper par des gouvernements comme celui de **Napoléon III**.

Mais ce qui me fait plus de plaisir encore, c'est que la jeunesse d'aujourd'hui est elle-même plus assidue à l'étude et plus attachée à l'école que celle du temps jadis.

Ce n'est pas pourtant que les enfants d'à présent aient davantage l'âge de raison en venant au monde : les enfants seront toujours les enfants ; ils aimeront toujours à rire et à s'amuser. Et c'est tant mieux. D'où vient donc la différence?

D'une chose bien simple; ce ne sont pas les enfants qui ont changé, mais *c'est l'école*. Celle d'aujourd'hui ne ressemble pas plus à celle d'autrefois qu'une belle maison ne ressemble à une chaumière en ruines.

TREIZIÈME LEÇON

LES MAITRES D'AUTREFOIS ET LES MAITRES D'AUJOURD'HUI

Quant au maître, il n'était guère mieux traité : ses soins et son dévouement étaient si mal rétribués en argent, qu'il n'avait pas de quoi se nourrir. Et l'usage, dans beaucoup de communes, voulait qu'il allât demander sa nourriture chez les gens du village, un jour chez l'un, un jour chez l'autre. Ainsi cet homme, le plus instruit et parfois le plus méritant de la commune, était considéré à l'égal d'un mendiant. *Tellement les ignorants, qui étaient alors les plus nombreux, comprenaient peu le prix du savoir.* Et encore, bien heureuses les communes où il y avait une école; quoique laide et incommode, on s'y instruisait toujours un peu, et il s'y formait une génération d'hommes plus éclairés que leurs devanciers.

Mais beaucoup de pays n'avaient ni école, ni instituteur. En **1821**, il y avait plus de **11 000 communes** où les écoles manquaient tout à fait. Seulement, dans les foires de quelques cantons, on voyait se promener des hommes qui avaient une plume passée dans la ganse de leur chapeau et un encrier attaché devant leur habit : **c'étaient des maîtres d'école.** Ceux qui apprenaient à lire seulement n'avaient qu'une plume ; ceux qui enseignaient aussi l'écriture en portaient deux ; enfin, quelques-uns en mettaient trois : cela voulait dire qu'ils connaissaient le calcul. Ceux-là passaient pour des savants. Les gens louaient leurs services pour un mois, deux mois, plus ou moins, et les emmenaient avec eux. Jugez de ce que les enfants pouvaient apprendre pendant ces quelques semaines-là, et s'ils avaient tôt fait de l'oublier, quand le maître était allé porter ses plumes ailleurs !

Aujourd'hui toutes les communes de France ont au moins une école.

Et quant aux écoles, elles ont pour la plupart des bâtiments sains et convenables ; beaucoup sont de belles maisons, et même des palais, superbes à voir et agréables à habiter, car il n'y manque ni air, ni lumière, ni propreté.

Les maîtres abondent et, sans les flatter, on peut dire qu'ils sont tous instruits ; ils ont travaillé pour cela dix et douze ans, et ils ont obtenu ainsi des brevets qui prouvent leur capacité, fortifiée encore par l'expérience.

ENTRETIENS

1. De qui l'instituteur est-il le représentant ?

L'instituteur est le représentant et le délégué des pères de famille.

2. Dans quoi supplée-t-il les parents ?

Il supplée les parents dans la tâche d'instruire leurs

enfants, quand ils n'ont ni le loisir ni le savoir nécessaires pour s'en acquitter.

3. L'instituteur est-il un magistrat ? — Pourquoi la France le nomme-t-elle ?

L'instituteur est comme un magistrat de l'État : c'est la France elle-même qui le nomme pour combattre l'ignorance comme un mal public.

4. Que devient l'ignorant ?

L'ignorant ne peut se suffire : il tombe le plus souvent à la charge d'autrui.

5. L'ignorant est-il bon citoyen et fera-t-il un bon soldat ?

L'ignorant, ne pouvant être qu'un citoyen médiocre, ne peut pas faire un bon serviteur du pays.

6. Que fait la loi aux parents qui refusent l'instruction à leurs enfants ?

La loi ayant rendu l'instruction obligatoire, punit les parents qui en privent leurs enfants.

7. Comment l'instituteur prépare-t-il l'avenir de la France ?

L'instituteur prépare l'avenir de la France, en formant ses futurs citoyens.

8. D'où sont venus les grands malheurs de la France ?

Les plus grands malheurs de la France sont venus de ce que les citoyens n'étaient pas assez instruits.

9. Citez un exemple.

Un mauvais gouvernement, tel que celui de Napoléon III, a pu tromper la France sur ses intérêts et la lancer dans des guerres où elle a failli périr.

10. Pourquoi faut-il que l'école soit agréable à voir ?

Il est bon que l'école soit agréable à voir, pour que les élèves s'y plaisent.

11. Comment étaient les écoles autrefois?

Les écoles autrefois étaient rares, souvent malsaines.
Quelques-unes n'étaient que des étables.

12. Combien y avait-il de communes sans écoles en 1821?

En 1821, 11 000 communes étaient sans écoles.

13. Quelle était la position des maîtres d'école dans ce temps-là?

Les maîtres d'école n'étaient pas aussi honorés qu'ils
le méritaient. Beaucoup de cantons n'avaient
même que des maîtres ambulants.

**14. Y a-t-il des écoles dans toutes les communes? — Les institu-
teurs ont-ils tous des brevets?**

Aujourd'hui, il y a des écoles dans toutes les communes de France, et les maîtres sont plus instruits qu'ils ne l'ont jamais été : tous doivent
avoir des brevets de capacité.

15. Qui faut-il remercier de tous ces progrès?

Il faut en remercier la République, qui ne recule de
vant aucune dépense lorsqu'il s'agit de l'éducation des petits Français.

Devoirs d'examen.

I. Pourquoi la loi a-t-elle déclaré l'instruction obligatoire? —
Montrez qu'on ne peut ni se suffire, ni bien voter, ni bien défendre
sa patrie, si on est ignorant.

II. Comment était faite une école autrefois; comment est-elle
aujourd'hui?

III. Pourquoi la profession d'instituteur demande-t-elle beaucoup
de travail et mérite-t-elle beaucoup de respect? — Expliquez ce
que c'est que la docilité dans l'école.

CHAPITRE V

L'ENFANT JUSTE ET BON.
FRÈRES ET SŒURS. — CAMARADES,
PERSONNES AGÉES.

Sommaire. — QUATORZIÈME LEÇON : Frères et sœurs. Camarades. — QUINZIÈME LEÇON : Devoirs envers les camarades *(suite)*. — SEIZIÈME LEÇON : Aînés et cadets. — L'égalité. — DIX-SEPTIÈME LEÇON : L'obéissance aux aînés. — DIX-HUITIÈME LEÇON : Devoirs envers les vieillards.

QUATORZIÈME LEÇON

FRÈRES ET SŒURS. — CAMARADES

— Voilà Antoine et Jacques qui arrivent bras dessus, bras dessous, comme d'habitude, en causant et en riant. Il paraît qu'ils ne peuvent pas se quitter.

— Monsieur, nous faisons comme tout le monde : il faut bien avoir des amis, sans cela on ne rirait jamais bien.

— Voilà qui est parfait, mon Jacques. On ne serait jamais content, si l'on n'avait pas d'amis. Ce que tu dis là, sais-tu qu'un grand philosophe grec l'avait déjà dit, deux mille ans avant toi ? Oui, c'est Aristote[1] qui a dit ceci :

« *Quel est l'insensé qui voudrait posséder tous les biens de la terre, si on les lui offrait à la condition de n'avoir jamais un ami pour assister à son bonheur et le partager ?* »

En effet, aucun homme de bon sens n'accepterait un pareil marché, et celui qui y aurait consenti ne tarderait pas à se repentir ; l'ennui l'aurait bientôt consumé et il serait malheureux, comme Robinson dans son île déserte.

[1] Aristote, célèbre philosophe grec, fut le précepteur d'A-lexandre le Grand. Aristote est l'auteur de nombreux traités estimés encore de nos jours (384-322 av. J.-C.)

La plupart des enfants ont des compagnons tout trouvés, que la nature elle-même leur donne. Ce sont leurs **frères** et **sœurs**. L'école en offre d'autres à tous les enfants qui la fréquentent : c'est là, en effet, qu'on rencontre des **camarades**.

Les meilleurs des camarades sont toujours les frères et sœurs : ils sont nés des mêmes parents; ils ont été élevés ensemble et de la même façon; ils ont eu les mêmes jeux, les mêmes plaisirs et les mêmes peines. Cela suffit pour les unir d'amitié.

Ce sont des raisons toutes semblables qui font que d'ordinaire les camarades s'aiment entre eux : l'habitude de vivre et de jouer ensemble, d'étudier côte à côte, attache les enfants les uns aux autres.

Rien n'est plus utile pour former les caractères que de bonnes liaisons : on y apprend à se faire des concessions réciproques et à s'entr'aider. Ainsi, dans les jeux, il y a des règles qui sont les mêmes pour tous: on s'accoutume à s'y plier. Hier, en jouant aux barres, je vous voyais quand Louis n'a pas voulu se reconnaître prisonnier : vous vous êtes réunis, vous lui avez démontré qu'il avait tort, et, comme il s'est obstiné, il a fallu qu'il quittât le jeu. Allons, Louis, il n'y a pas de quoi avoir honte, mon enfant. Vous êtes venu ensuite avouer votre tort, vous avez repris votre place dans le jeu : et tout cela prouve que, si vous êtes vif, vous finissez cependant par vous rendre à la justice.

Ces petits accidents-là vous instruisent. C'est déjà **un apprentissage de la vie en société**, telle que vous devrez la pratiquer plus tard.

Toutefois, il faut encore que vos amitiés soient bien choisies : il ne faudrait pas faire comme Jean Falot. Vous le connaissez, vous, Jacques ?

— Oui, monsieur, c'est lui qui se sauvait à tout moment à la ville; il disait qu'il s'amusait dans les rues avec les gamins de là-bas.

— Oui, et puis un jour on est venu nous raconter

qu'il s'était fait prendre avec une bande de filous qui volaient aux étalages des boutiques. On l'a *jugé* et mis dans une **maison de correction**. En voilà un que les mauvaises compagnies ont perdu.

Voulez-vous un bon moyen de reconnaître les gens de mauvaise compagnie : la plupart du temps, ils profitent d'un moment où ils sont seuls avec vous pour vous demander ou pour vous conseiller des choses qu'ils n'oseraient ni vous demander ni vous conseiller en face de vos parents ou de votre maître. Quand un camarade vous parle ainsi, répondez-lui : — « Je veux bien, si mon père ou si mon maître y consent. Allons-y de ce pas, veux-tu ? » S'il refuse, soyez sûrs que la chose n'était pas honnête, et que la compagnie d'un pareil enfant n'est point ce qu'il vous faut.

QUINZIÈME LEÇON

DEVOIRS ENVERS LES CAMARADES *(suite)*

Ce n'est pas tout de choisir des camarades, il faut encore savoir les garder, s'accorder avec eux. Pour cela, il faut être **justes** et **bons** à leur égard.

La justice passe la première, parce que avant tout, il ne faut faire tort à personne. Les enfants sont trop portés parfois à ne son-

La société des jaloux rapporte plus d'ennuis que d'agréments ; le mieux est de les éviter.

ger qu'à eux-mêmes ; alors ils sont **égoïstes**, ils veulent gouverner les jeux à leur fantaisie, ou se faire servir par les autres, ou même prendre pour eux ce qui appartient à leurs camarades. Quelques-uns sont pires encore : ils ne peuvent souffrir que les autres soient contents ; tout ce qu'on donne à leurs camarades, que ce soient des caresses ou n'importe quoi, leur fait de la peine : *on dirait que le monde entier leur revient de droit*, et que tout ce qui arrive de bon aux autres leur est volé. Ceux-là sont des **jaloux**.

Jaloux et égoïstes sont également vite délaissés de leurs camarades : comme ils se doutent bien eux-mêmes de leur méchanceté, ils n'ont pas la **conscience tranquille**, et le plus souvent ils sont de mauvaise humeur. Aussi on s'aperçoit bientôt que leur société rapporte peu d'agréments et beaucoup d'ennuis, et *on les laisse pour ce qu'ils valent*. Alors ils finissent par reconnaître qu'ils ont encore plus besoin des autres que les autres n'ont besoin d'eux.

Pour échapper à ces défauts, vous devez d'abord vous dire sérieusement qu'*un enfant en vaut un autre*. En effet, tous, vous êtes de *petites* personnes, et ces petites personnes une fois *grandes* seront **égales devant la loi** et devant tout le monde.

Entre vous, il n'y a point de différences, excepté celles du **savoir** et du **mérite** ; et celles-là, c'est seulement à vos supérieurs, parents et maîtres, qu'il appartient d'en juger. Ce n'est pas à vous de dire : — Je suis plus avancé ou je suis plus sage que mes camarades. Ce sont là des propos de vantard. Les enfants raisonnables savent bien qu'à leur âge on n'est encore bien avancé en rien : on ne fait que de commencer, et ce n'est pas le moment de se glorifier.

Les enfants doivent donc se traiter mutuellement avec *respect* ; et ils doivent laisser à chacun ce qui lui appartient, se contenter de leur lot et ne pas convoiter celui du voisin. Voilà pour leur âge les **règles de la justice**.

Maintenant, avec tout cela, comme vous n'êtes pas

encore parfaits, il peut bien vous arriver quelquefois de **manquer à la justice**. Le mal n'est pas impardonnable, si vous vous dépêchez de le *réparer*. Quand vous avez fait tort à un camarade, rappelez-vous ce proverbe : *Ne laisse pas le soleil se coucher avant de t'être réconcilié avec celui que tu as blessé.* Il n'y a pas de honte à reconnaître qu'on a mal fait, et à le dire : au contraire cela prouve qu'on n'y avait point mis de méchanceté.

Quand vous croyez qu'on vous a fait tort, songez que vous pourriez bien vous tromper, et que vous n'êtes pas sûr de n'être pas vous-même fautif. Si ce n'est pas cette fois-là, c'est peut-être une autre fois. Si ce n'est pas envers ce camarade, c'est envers quelque autre. Alors avant de vous fâcher, faites seulement cette réflexion : « Quand il m'est arrivé de faire tort à quelqu'un, j'aurais été bien heureux si ce quelqu'un était venu à moi, en me tendant la main et en me disant : Soyons amis, que tout soit oublié! Eh bien, je vais faire pour celui-ci, qui m'a fait du mal, ce que j'aurais voulu que l'autre fît pour moi. »

Ne pas faire à autrui ce que vous ne voudriez pas qu'on vous fît : **toute la justice est là.**

Faire à autrui ce que vous voudriez qu'on fît pour vous, **c'est là la charité.** Il est encore plus beau d'être charitable que d'être seulement juste. Mais il faut être juste d'abord.

SEIZIÈME LEÇON

AINÉS ET CADETS. — L'ÉGALITÉ

Aînés et cadets, *les enfants sont tous égaux dans la famille.*

Il n'en a pas toujours été ainsi. Avant la grande Révolution française de 1789, le premier-né mâle comptait pour ainsi dire tout seul : l'héritage était presque tout entier pour lui; *les filles et les cadets* n'en obtenaient qu'une parcelle insignifiante. Et même, dans les familles nobles, l'aîné seul portait le titre de son père.

Plus d'une fois on vit le cadet mendier l'hospitalité à la porte du château de son frère, et crier misère au seuil de la maison où il était né. C'était ce qu'on appelait **le droit d'aînesse**. Quant aux sœurs, aînées ou cadettes, elles n'héritaient pas du tout dans les familles nobles; et dans les autres, elles n'avaient qu'une petite part. Aussi, bien souvent, elles étaient forcées *d'entrer au couvent*. L'aîné se regardait comme d'une espèce supérieure à ses frères et sœurs : il les dédaignait.

Louis Guillot gagnait sa nourriture et un peu d'argent.

Eux, de leur côté, se demandaient ce que leur aîné avait fait pour mériter tant de privilèges, et ils se disaient:—« *Il n'a eu que la peine de venir au monde le premier.* » Ils trouvaient alors la prospérité de cet aîné injuste et maudissaient leur propre condition.

En France, la **Révolution** a aboli cette iniquité, avec beaucoup d'autres. Les enfants d'une même famille ont **droit égal à l'héritage** de leurs parents, et droit égal à porter leur nom.

La **loi** permet seulement au père de prélever *un quart de ses biens* pour avantager l'un de ses enfants; ce qui est un moyen de récompenser les enfants dévoués.

Rien de plus juste que ce *principe du* **partage égal.**

Ainsi, voilà Pierre et Louis Guillot. Ils n'ont pas le même âge. Quel âge avez-vous, Pierre ?

— Onze ans et demi, monsieur.

— Et votre frère seize ans; il travaille depuis deux ans déjà chez M. Franche, le menuisier. Le voilà qui vient de passer ouvrier, et même il gagne sa nourriture et un peu d'argent. Il ne coûte plus rien à votre père, au contraire, il vient en aide au ménage, c'est un garçon courageux et un bon fils. Il a donc plus de mérite que vous, mon Pierre, qui ne pouvez encore rien faire, excepté à l'école.

— C'est vrai, monsieur, mais quand j'aurai mon **certificat d'études,** je ferai comme lui.

— Bien dit, mon enfant, vous ressemblerez à votre aîné ! Mais, malgré cela, il aura toujours commencé quatre ans au moins avant vous; cela lui fait une avance et vous ne le rattraperez pas, il aura toujours plus d'années de travail. Eh bien ! quand il faudra partager les champs de votre père, croyez-vous que Louis aura une plus grosse part ?

Pas du tout. Il n'aura que sa moitié, comme vous. Et je le connais, si on lui offrait davantage, il n'en voudrait pas. Il dirait : — **Nous sommes frères, nous sommes égaux.** Et c'est la vérité.

DIX-SEPTIÈME LEÇON

L'OBÉISSANCE AUX AINÉS

— Mais, monsieur, l'autre jour, mon père me disait que mon frère était l'aîné, et qu'il fallait lui obéir. Comment cela se fait-il, si nous sommes égaux ?

— Mon enfant, vous êtes **égaux devant la loi,** et vous serez égaux pour le **partage.** Mais cela n'empêche pas les différences d'âge et de raison. Et vous savez bien que si vous n'aviez pas votre aîné pour vous conseiller ou pour vous défendre à l'occasion, vous seriez embarrassé plus d'une fois.

Et puis, ce n'est pas tout : dans une famille, si le père ou la mère vient à manquer, qui aidera le survivant à élever la petite famille ? Le frère aîné, ou la sœur aînée.

Et si père et mère s'en allaient, qui pourrait les remplacer ? Le grand frère, la grande sœur, pourvu toutefois qu'ils aient assez d'âge et de force.

Ce sont là des malheurs exceptionnels. Mais ce n'est pas seulement dans ces terribles cas que les aînés sont des **suppléants** *tout désignés pour leurs parents :* tous les jours ils peuvent les aider, les décharger d'une partie des soins de la maison, **veiller** sur les plus jeunes, leur **donner l'exemple** de l'obéissance, du travail et du respect.

En revanche, puisque les aînés se rapprochent des parents par leurs fonctions, il est juste que les cadets les aiment un peu à la façon dont on aime ses parents et qu'ils écoutent leurs avis.

Il est beau de voir une famille où tous, grands et petits, s'entendent pour rendre la vie plus douce aux parents, par leur obéissance, par l'application de chacun à son devoir, et surtout par leur bonne entente : car rien ne réjouit plus le cœur d'un père et d'une mère que de voir leurs enfants vivre en bon accord : *ils trouvent là comme une promesse que leur famille sera toujours forte et heureuse.*

DIX-HUITIÈME LEÇON

DEVOIRS ENVERS LES VIEILLARDS

— Mes enfants, je viens de vous voir saluer le vieux M. Franche : c'est très bien. **Nous devons le res-**

pect aux anciens. Je vois que vous ne l'oubliez pas.

D'ailleurs, il n'y a rien de plus naturel que ce mouvement de respect à la vue d'un vieillard ; c'est là un sentiment juste. Il faut même étendre ce respect à toutes les personnes d'âge.

Il faut d'abord **honorer les vieillards.** Ils sont les *égaux de vos parents.*

Il faut aussi les **écouter.** Ils ont beaucoup de choses à vous apprendre : ils ont *l'expérience de la vie.* C'est là la chose la plus nécessaire pour se bien conduire : sans l'expérience des autres, chacun de vous aurait tout à apprendre par lui-même ; ce serait comme s'il était le premier homme et seul sur la terre. Or l'expérience n'appartient qu'aux vieillards : écoutez-les donc avec **déférence** et avec reconnaissance.

On reconnaît les enfants qui ont mauvais cœur à la facilité qu'ils ont de rire des vieillards, de leurs infirmités, de leurs manies. *Ces manies qui semblent ridicules, sont plutôt à plaindre et à respecter,* car elles sont encore des infirmités. Que diriez-vous d'un fils qui rirait des mains de son père, parce qu'elles sont devenues calleuses et tremblantes à force de labeur ? Vous diriez que c'est un méchant cœur. Eh bien ! les manies des vieillards sont comme les rides sur des mains qui ont trop travaillé : songez qu'elles sont les marques du temps et des peines de la vie, et vous n'aurez plus envie de vous en moquer.

ENTRETIENS

1. Quel est le pire des malheurs?

La solitude rend l'homme misérable. Le pire malheur est de n'avoir pas d'amis.

2. Quels sont les amis que la naissance nous a donnés?

Nos frères et nos sœurs sont des amis que la naissance nous a donnés.

3. Pourquoi devons-nous apprendre à vivre d'accord avec nos camarades?

Nous devons apprendre à vivre d'accord avec nos camarades, si nous voulons savoir vivre plus tard avec les hommes.

4. A quoi reconnaissez-vous un mauvais camarade?

Un mauvais camarade est celui qui nous demande ou qui nous conseille ce qu'il n'oserait pas nous demander ou nous conseiller en face de nos maîtres ou de nos parents.

5. Depuis quand les aînés et les cadets sont-ils égaux? — Qu'était-ce que le droit d'aînesse?

Les aînés et les cadets sont égaux, depuis que la Révolution a aboli le droit d'aînesse. Autrefois, le fils aîné héritait seul des biens et des titres de son père.

6. Comment se partagent aujourd'hui les biens des parents?

Aujourd'hui, les biens des parents sont partagés par portions égales entre les enfants.

7. Le père peut-il avantager l'un de ses enfants?

Le père peut réserver, s'il le veut, un quart de ses biens pour avantager celui de ses enfants qui s'est montré le meilleur avec lui.

8. En quoi les aînés sont-ils au-dessus des cadets?

Les aînés sont plus expérimentés que les cadets : ils peuvent leur apprendre beaucoup et leur être très utiles.

9. Que doivent faire les aînés?

Les aînés doivent être prêts à remplacer leurs parents. Si par malheur ceux-ci mouraient, les aînés devraient aider et diriger leurs frères et sœurs.

10. Quels sont les devoirs des cadets?

Les cadets doivent avoir pour leurs aînés du respect et de l'amitié.

11. Qu'est-ce qui fait le bonheur des parents?

L'union des frères et des sœurs fait le bonheur des parents.

12. Que faut-il être avec ses amis pour les garder?

Pour garder ses amis, il faut être juste et bon avec eux.

13. Quels défauts doit-on éviter pour être juste?

Pour être juste, il ne faut être ni égoïste ni jaloux; il faut respecter les autres personnes, et respecter aussi ce qui leur appartient.

14. Qu'arrive-t-il à l'égoïste et au jaloux?

L'égoïste et le jaloux sont abandonnés de leurs camarades : on les laisse de côté, et ils sont malheureux.

15. A quoi reconnaît-on, après une dispute, le plus raisonnable?

Il faut savoir reconnaître ses torts : après une dispute, le plus raisonnable est celui qui revient le premier.

16. Que faut-il faire pour être bon?

Pour être bon, il faut faire plaisir à ses camarades dans toutes les choses honnêtes. Il faut aussi se réconcilier avec eux et oublier les torts qu'ils ont pu avoir, quand on croit qu'ils en ont.

17. Quelles sont les deux maximes qui résument tous les devoirs de justice et de bonté?

Tous les devoirs de justice et de bonté sont dans ces deux maximes : Ne faites pas aux autres ce que vous ne voudriez pas qu'on vous fît. Faites pour les autres ce que vous voudriez qu'on fît pour vous.

18. Devons-nous respecter les vieillards?

Il est juste de respecter les vieillards et toutes les personnes âgées.

19. Pourquoi faut-il honorer les personnes âgées?

Il faut honorer les personnes âgées comme étant les égaux de nos parents.

20. Pourquoi faut-il les écouter?

Il faut aussi les écouter, parce qu'elles ont de l'expérience, et que c'est auprès d'elles seulement que nous pouvons en acquérir un peu.

21. Pourquoi faut-il être complaisant pour les vieillards?

Il faut être complaisant pour les vieillards, afin de leur adoucir le poids de la vieillesse.

22. Pourquoi faut-il fermer les yeux sur les défauts des vieillards?

Les défauts des vieillards sont un effet de l'âge et des peines de la vie : le respect nous commande de fermer les yeux dessus.

Devoirs d'examen.

I. Utilité que peuvent avoir pour un enfant les bons camarades. — Expliquez les dangers des mauvaises compagnies et dites à quoi on les reconnaît.

II. Qu'est-ce que la justice et la bonté entre camarades? — Montrez les conséquences de la jalousie et de l'égoïsme pour un enfant.

III. Le droit d'aînesse, son injustice, comment a-t-il été remplacé?

IV. Quels sont les devoirs des aînés? Comment peuvent-ils aider leurs parents vivants, les remplacer en cas d'infirmités ou de décès? — Quels sont les devoirs des cadets?

V. Examinez les devoirs des enfants envers les personnes âgées. — Montrez qu'un enfant doit honorer, écouter les vieillards, et être complaisant pour eux.

———————————

CHAPITRE VI

LE RESPECT DE SOI-MÊME

Sommaire. — DIX-NEUVIÈME LEÇON : L'hygiène et la gymnastique. — VINGTIÈME LEÇON : La tempérance. — VINGT ET UNIÈME LEÇON : La politesse. — VINGT-DEUXIÈME LEÇON : La franchise.

DIX-NEUVIÈME LEÇON

L'HYGIÈNE ET LA GYMNASTIQUE

— Le premier droit d'une personne, c'est d'être respectée.

C'est par la dignité qu'on mérite le respect.

La dignité se montre d'abord dans la tenue extérieure. Mais elle consiste surtout dans des **sentiments honnêtes et droits**, que nous devons porter au dedans de nous-mêmes.

La *dignité extérieure* consiste dans le **soin de notre corps** et dans de **bonnes manières**.

Notre dignité est intéressée à ce que notre corps soit bien soigné, c'est-à-dire à ce qu'il soit maintenu en état de **santé** et **propreté**.

Celui qui n'a pas de santé a de la peine à se suffire et à rendre service aux autres : il est à charge à la société ; et quand il y a de sa faute, quand il est avéré que son mauvais état de santé vient de son inconduite, alors chacun serait en droit de le lui reprocher.

Quant à celui qui se laisse gagner par la **malpropreté**, il est un objet de *dégoût* pour toutes les personnes bien élevées ; et ce dégoût-là amène bien vite une espèce de *mépris* : les sauvages se distinguent par leur malpropreté ; et le savant Bastiat[1] a dit : « *Voulez-*

---

1. Bastiat (Frédéric), économiste français, né à Bayonne en 1801, mort en 1850.

vous connaître le degré de civilisation où est parvenu un peuple ? Informez-vous de la quantité de savon qu'il dépense. »

Il y a une science qui nous enseigne le moyen d'entretenir la santé dans notre corps et de la raffermir, quand elle faiblit. Cette science, c'est **l'hygiène**.

Elle nous recommande surtout trois choses : *l'air*, *l'eau* et *l'exercice*.

L'air est si nécessaire à la santé, que les villes où les maisons sont trop resserrées sont le plus souvent malsaines et habitées par une population chétive. Au contraire, dans les villes où une administration sage a su percer des rues larges et ménager des jardins publics, la santé de tout le monde est devenue meilleure, et la vie de l'homme est plus longue.

Cela se comprend aisément : *l'air qui sort de nos poumons, après avoir été respiré, n'est plus ni pur ni sain;* il contient même un gaz qui est un poison. Un homme de force moyenne respire environ 2 mètres cubes d'air par heure; s'il reste enfermé dix heures de suite, la nuit, par exemple, dans une chambre contenant 20 mètres cubes d'air, au bout de ce temps, il aura respiré tout l'air pur; et si on le laisse enfermé davantage, il ne respirera plus que de l'air gâté ou dangereux. La même chose arrivera encore, si l'on enferme plusieurs personnes dans une chambre trop petite : elles auront bientôt fait de *corrompre l'air*, et, sans s'en apercevoir beaucoup, elles respireront un *poison lent*.

Les gens de la campagne ne sont pas exposés à cet inconvénient, du moins dans les champs. Mais chez eux, trop souvent, ils s'entassent en grand nombre, pour la nuit, dans des *chambres étroites* qui n'ont d'air que par une ou deux fenêtres toutes petites. On croirait, à voir comme ils se calfeutrent, que l'air est l'ennemi de l'homme.

L'eau n'est pas moins indispensable à la santé. Si

vous regardiez votre peau à la loupe, vous la verriez percée de mille petits trous, ou *pores*, par où sortent sans cesse les liquides de la *transpiration* et aussi d'autres matières impures, qui ne pourraient pas sans inconvénient rester dans le corps. Si vous ne tenez pas votre peau nette et propre, *la crasse couvrira ces trous* et empêchera ces impuretés de sortir[1].

Quant à **l'exercice**, sans lui le corps ne prospère pas. Si les gens qui vivent aux champs ont souvent plus de santé et plus de force que ceux de la ville, c'est qu'ils vont et viennent, qu'ils travaillent de tous leurs membres, au lieu de rester immobiles devant un métier ou un bureau.

Mais l'exercice n'est jamais plus salutaire que lorsqu'il est *réglé* : il s'appelle alors *gymnastique*.

La gymnastique ne consiste pas à faire des tours de force : elle a pour objet de développer tous les muscles du corps, ceux des jambes, comme ceux des bras et de la poitrine. Cela rend l'homme bien portant et agile pour tous les mouvements.

La gymnastique a pour objet de développer tous les muscles du corps.

Il n'y a pas de bons soldats sans gymnastique : un soldat qui ne saurait ni *marcher* du matin au soir avec les épaules chargées, ni *sauter* un fossé, ni *escalader* lestement un mur, ni fournir une *course* rapide sans s'essouffler, serait un embarras et non pas un secours dans une armée. Vous tous, enfants,

---

1. Consultez *Manuel d'hygiène*, par le Dr Laffon. Picard et Kaan, éditeurs.

vous serez soldats à votre tour : préparez-vous à cette tâche en devenant lestes, forts et bons marcheurs. Plus tard, vous n'en auriez ni le temps, ni le goût [1].

VINGTIÈME LEÇON

LA TEMPÉRANCE

— Je vous ai dit hier *ce que l'hygiène recommande.* Je veux vous dire aujourd'hui *ce qu'elle défend.*

L'hygiène défend plusieurs choses : *l'abus des boissons, l'abus du tabac,* les *excès* de table et autres. Le vin et les autres boissons fermentées, pris à doses modérées, sont un **stimulant** utile pour l'homme qui travaille péniblement. Mais, dès qu'on en abuse, ils **troublent la raison.**

De plus comme les mauvaises habitudes viennent vite, il ne faut pas longtemps pour faire un **ivrogne,** c'est-à-dire un malheureux qui n'est plus son maître, affaibli de corps et d'esprit, exposé à des accès de **folie,** dangereux à lui-même et aux autres.

Le **tabac** contient un poison dangereux, la *nicotine.* Quelques gouttes de nicotine dans un verre d'eau suffisent à tuer un homme. Les fumeurs, même les grands fumeurs, n'en absorbent que très peu en une fois; mais ce qu'ils avalent suffit à *affaiblir leur cerveau* et surtout leur *mémoire.*

Les **excès de table** sont parmi les plus dégradants : ils font ressembler l'homme au plus bas des animaux. De plus, ils alourdissent ses membres, ils fatiguent son estomac, et le disposent à des maladies fort douloureuses, telles que la *goutte.*

Tout excès est indigne de l'homme : l'homme

1. Consultez *Manuel de Jeux scolaires et d'Exercices physiques,* par Cruciani. Picard et Kaan, éditeurs.

doit tenir par dessus tout à sa qualité d'être raisonnable ; *et la raison, c'est la faculté de se gouverner et de se modérer.*

VINGT ET UNIÈME LEÇON

LA POLITESSE

Pour mériter le respect, il y a encore une condition, dont il me reste à vous parler. Il faut être **poli**, avoir de **bonnes manières.**

Les bonnes manières sont la première marque à laquelle se reconnaît un enfant bien élevé, c'est-à-dire élevé dans le respect des autres et de lui-même. On les apprend par l'**usage**, dans la fréquentation des bonnes compagnies.

Mais il faut bien remarquer que les bonnes manières ne se bornent pas à savoir saluer les gens, ni à les aborder, les entretenir et les quitter avec les paroles et l'attitude convenables. Ce sont là les *dehors de la politesse :* il faut que nos sentiments répondent à ces apparences. Quand on fait des politesses aux gens, on prend un air bienveillant et respectueux envers eux ; eh bien ! *il faut être vraiment tel que l'on paraît, sans quoi la politesse ne serait qu'un masque.*

Quelques-uns s'imaginent que la politesse et les bonnes manières ne sont nécessaires qu'en présence des étrangers, et qu'avec les parents et les camarades on peut s'en passer.

C'est là une erreur grossière. La *familiarité* ne consiste pas du tout à être impoli ou brutal : elle consiste à montrer plus d'amitié aux gens et à les questionner plus volontiers sur leurs affaires intimes. Mais il ne faut pas que le respect en souffre. Parce que l'on connaît assez les gens pour se plaire en leur compagnie, est-ce une raison pour les respecter moins qu'on ne respecterait le premier venu ?

En France, les enfants doivent veiller plus que ceux d'aucun autre pays à être poli et à avoir de bonnes façons, parce que **la nation française a toujours passé pour la plus affable et la plus polie du monde** : il faut soutenir notre bonne réputation.

VINGT-DEUXIÈME LEÇON

LA FRANCHISE

La première qualité d'un enfant qui veut *n'avoir jamais honte de lui-même*, c'est la **franchise**. Celui qui ment ne peut jamais *tenir la tête droite* ni *regarder en face* comme un autre.

Quelques-uns mentent par *vanité* pour se faire valoir, en racontant de belles prouesses *qu'ils n'ont pas faites*. Ils se disent : — Qu'importe ! je ne fais de tort à personne. Ils s'en font beaucoup à eux-mêmes : car on finit par les connaître pour ce qu'ils sont ; on ne les croit plus et ils apprennent alors à leurs dépens combien il est honteux d'être écouté avec défiance, et de lire dans les yeux de ceux à qui l'on parle cette réponse : **Menteur !**

D'autres mentent pour déguiser leur faute et éviter la punition. Ceux-là commettent une *lâcheté*. Un brave enfant est celui qui déclare tout franc ce qu'il a pu faire de mal. Celui-là, on l'estime quand même, et on a de l'indulgence pour lui : *Péché avoué est à moitié pardonné*.

En effet, avouer sa faute, c'est déjà se punir soi-même.

Le menteur, une fois qu'on le connaît, est comme un sourd-muet ; tout ce qu'il peut dire ne sert de rien : on ne l'écoute pas.

ENTRETIENS

1. Qu'arrivera-t-il à celui qui ne se respecte pas ?

Celui qui ne se respecte pas lui-même ne sera pas respecté par autrui.

2. Comment s'attire-t-on le respect?

C'est par la dignité que l'on s'attire le respect.

3. Quelles sont les exigences de la dignité?

La dignité exige une bonne tenue, c'est-à-dire un extérieur soigné et de bonnes manières.

4. Pourquoi faut-il soigner son corps?

Il faut soigner son corps pour l'entretenir en santé et n'être à charge à personne.

5. Comment s'appelle l'art de soigner son corps?

L'art de soigner son corps s'appelle l'hygiène.

6. Quelles sont les trois choses recommandées par l'hygiène?

L'hygiène recommande trois choses : l'air, l'eau, l'exercice.

7. Quels sont les bons effets de l'air pur?

L'air pur entretient la force et la santé. On ne doit pas s'enfermer dans des chambres étroites et malsaines.

8. Parlez de l'eau.

L'eau est indispensable à la propreté.

9. Qu'arrive-t-il à celui qui ne soigne pas sa santé?

Sans la propreté, pas de santé. Celui qui ne soigne pas sa santé la perdra.

10. Pourquoi la gymnastique est-elle indispensable aujourd'hui?

L'exercice et la gymnastique rendent l'homme plus agile et lui assurent la santé.

11. Que nous défend l'hygiène?

L'hygiène défend l'intempérance.

12. Qu'arrive-t-il à l'ivrogne?

L'ivrogne perd sa santé et sa raison ; il en arrive à ne

plus se posséder, et il contracte des maladies graves, notamment la tuberculose.

13. Quel poison contient le tabac?

Le tabac contient un poison, la *nicotine*, qui peut tuer, et qui en tout cas affaiblit le cerveau. Il faut s'en défier.

14. A quoi les excès sont-ils contraires?

Les excès de table dégradent l'homme; tous les excès sont contraires à la santé.

15. Où prend-on les bonnes manières?

Les bonnes manières s'apprennent dans les bonnes compagnies.

16. Que faut-il faire pour avoir la vraie politesse?

Si vous voulez avoir la vraie politesse, ayez de la bienveillance et du respect pour ceux à qui vous parlez.

17. Qu'est-ce que la familiarité?

La familiarité ne doit pas être le contraire de la politesse: elle est seulement une politesse plus affectueuse.

18. Quelle réputation les Français ont-ils à soutenir?

Les Français sont, dit-on, la nation la plus polie du monde: soutenons cette réputation.

19. Qu'arrive-t-il à celui qui n'est pas franc?

Celui qui n'est pas franc a honte de lui-même: il n'ose regarder personne en face.

20. Celui qui ment pour se faire valoir réussit-il?

Il ne faut pas mentir pour se faire valoir; car bientôt on est connu et méprisé.

21. Comment qualifiez-vous celui qui ment pour éviter les punitions?

Celui qui ment pour éviter une punition, est un lâche. Péché avoué est à moitié pardonné.

Devoirs d'examen.

I. Montrez que la dignité est indispensable même à un enfant, et expliquez quelles qualités elle comporte.

II. L'hygiène. Ses prescriptions les plus essentielles. — Montrez à quoi est utile la gymnastique.

III. Expliquez comment naît l'ivrognerie, et montrez-en les dangers.

IV. Qu'est-ce que les bonnes manières, la politesse vraie, la politesse hypocrite, la grossièreté?

V. Qu'est-ce que la franchise? — Montrez que le mensonge n'est jamais innocent.

CHAPITRE VII

LA MAISONNÉE — SERVITEURS ANIMAUX DOMESTIQUES

Sommaire. — Vingt-troisième leçon : Devoirs envers les serviteurs de la maison. — Vingt-quatrième leçon : On doit aux domestiques politesse et bonté. — Vingt-cinquième leçon : La douceur envers les animaux.

VINGT-TROISIÈME LEÇON

DEVOIRS ENVERS LES SERVITEURS DE LA MAISON

— Mes enfants, vos parents n'ont pas tous des *domestiques* à leur service : la plupart se suffisent à eux-mêmes, parce que le ménage n'est pas trop gros, que les champs à cultiver ne sont pas trop grands, ou l'atelier pas trop chargé d'ouvrage. Ou bien encore, chez d'autres, il y a assez de personnes dans la famille pour faire face à tous les travaux. C'est l'avantage des familles nombreuses : elles n'ont pas besoin de recourir à des étrangers ; et comme chacun se dit qu'il travaille sur son bien, tous y vont de bon cœur.

Mais enfin, toutes les familles n'ont pas ce bonheur d'être riches d'enfants. Et puis il y a des propriétés trop grandes, qu'une famille seule ne parviendrait jamais à faire valoir. C'est ce qui arrive chez vous, Simon. Votre mère a été obligée de s'adjoindre une *servante*, et votre père a trois *valets :* l'un pour l'écurie, l'autre pour la ferme, le dernier pour la charrue. Aussi, c'est à vous que je vais poser une question.

Dites-moi, savez-vous quels sont vos devoirs envers les *serviteurs de la maison*, envers les servantes et les valets ?

Simon hésita un peu, et dit :

— Non, monsieur, je ne sais pas... Mais, monsieur, est-ce que ce n'est pas eux, plutôt, qui ont des devoirs envers nous autres ?

— L'un n'empêche pas l'autre, Simon. Mais laissons cela pour le moment. D'après vous, alors, votre père, n'a pas de devoirs envers ses valets ?

— Mais, monsieur, puisque c'est lui qui les paie et qui commande ce qu'il veut, eux n'ont qu'à obéir.

— Eh bien ! Simon, c'est ce qui vous trompe. Chacun, **maître et domestique**, a ses devoirs à remplir : rappelez-vous le jour de la paye.

Ce jour-là, vous savez ce qui se passe : votre père va à l'armoire, il en tire un petit sac de toile, et descend dans la salle du bas. Les domestiques savent bien ce que cela veut dire ; ils viennent l'un derrière l'autre, et chacun reçoit son gage. J'ai vu cela moi-même, l'autre jour en passant devant la ferme ; je voulais presser le pas pour ne pas gêner votre père, mais lui m'a arrêté, en me disant : — Faites-nous donc l'honneur d'entrer un instant, monsieur l'instituteur : **qui paye ses dettes ne se cache pas.**

VINGT-QUATRIÈME LEÇON

ON DOIT AUX DOMESTIQUES POLITESSE ET BONTÉ

Mais que pensez-vous qu'il arriverait, si un fermier, tant gros qu'il soit, oubliait ou tardait de payer ses serviteurs ? Ils réclameraient leur dû, respectueusement d'abord. Et si on avait l'air de ne pas les écouter, ils hausseraient la voix : il faudrait bien leur obéir, et payer. **Sinon la justice serait là pour les soutenir.**

Vous le voyez donc, Simon, on n'est maître que si l'on paye. *Les domestiques donnent leurs services ; le maître donne ses écus :* quitte à quitte. **Les bons comptes font les bons amis.**

Ainsi mettez-vous bien ceci dans la tête. Si le domestique est sous les ordres du maître, c'est parce qu'il le veut bien. Il était libre de ne pas se laisser engager ; seulement, il trouve son compte à louer ses services pour un certain prix, et il les loue. Voilà pourquoi le maître n'a le droit de lui commander que pour ce qui a été convenu entre eux.

Les domestiques donnent leurs services ; le maître donne ses écus : quitte à quitte.

Voilà aussi pourquoi en dehors du travail, où il faut toujours un chef pour diriger, le maître et le serviteur sont égaux, ils se doivent le même respect. Seulement, ce respect s'appelle, de la part du maître, *politesse*, et de la part du domestique, *déférence*.

Par conséquent, si vos parents, qui sont au-dessus de vous, se croient obligés à avoir des égards pour les serviteurs de la maison, à plus forte raison, vous qui n'êtes que des enfants, vous devez être polis et respectueux avec ces mêmes serviteurs. Vous n'avez pas le droit de les commander, car ils sont entrés dans la maison avec la condition d'obéir à vos parents, ou en tout cas à des personnes raisonnables, et non pas à des enfants. Et quant à leur manquer de respect, personne n'a ce droit : **celui qui est impoli et grossier n'abaisse que lui-même.** *L'insulte n'atteint pas l'insulté*, elle retombe sur l'insulteur.

Ce n'est pas tout encore, mes enfants. Il ne suffit pas d'être juste et poli avec les domestiques. **Il faut les traiter avec bonté.** Je vous le disais tout à l'heure : les meilleurs serviteurs sont les gens de la famille. Eh bien ! pour qu'un serviteur devienne le meilleur possible, il faut qu'il se regarde comme étant de la famille.

C'est ce qui arrive pour les domestiques que l'on sait garder, et qui s'attachent à la maison. Ceux-là, les enfants doivent les aimer un peu comme des parents. Demandez à Simon, s'il n'aime pas presque comme une tante sa vieille Manon, qui l'a vu venir au monde et qui a aidé sa mère à l'élever ?

— Oh ! oui, monsieur. C'est elle qui me gâte le plus. Encore plus que grand'mère.

— Ce n'est pas ce qu'elle fait de mieux, et cela prouve que rien ne remplace la maman. Mais enfin, ce n'est point une raison pour ne pas l'aimer aussi, et beaucoup.

VINGT-CINQUIÈME LEÇON

LA DOUCEUR ENVERS LES ANIMAUX

— Vous voilà bien essoufflés, mes amis. Prenez place sur vos bancs, et dites-moi ce qui vous faisait courir en troupe tout à l'heure autour de Riffaut le berger ?

— Monsieur, c'était un loup, un petit loup, qu'il a pris au piège, et qu'il montre de village en village avant d'aller toucher la *prime du Gouvernement*. On s'amuse à le piquer et à le battre le long de la route ; et même, ceux du bas village lui ont cassé une patte : il est tout saignant.

— Et c'est là ce que vous regardiez en riant ! Croyez-vous que ce soit beau, ce qu'ont fait les gens du bas village.

— Mais, monsieur, puisque c'est un loup, un louveteau, qui aurait mangé le monde plus tard ! C'est bien fait pour lui, s'il s'est laissé prendre.

— Oui, c'est bien fait de le prendre, et même ce sera bien fait de le tuer, puisqu'il n'y a pas d'autre moyen de l'empêcher de nuire. Mais ce qui n'est pas bien fait, c'est de le torturer par plaisir. C'est un plaisir de méchant, cela ! et il ne faut jamais être méchant. Non, mes

On doit soigner les animaux et les traiter avec douceur.

amis, pas même avec les bêtes dangereuses. Il faut s'en défaire ; il faut les détruire autant qu'on peut, et le Gouvernement donne une récompense qui peut être parfois de 200 francs, à celui qui tue un loup. Mais celui qui fait souffrir un animal sans nécessité on peut dire qu'il s'exerce à devenir une brute malfaisante. Les animaux sentent et souffrent comme nous.

C'est encore bien pis quand les animaux qu'on torture ainsi sont de animaux utiles ou même domestiques. Maltraiter les animaux qui nous servent, qui travaillent pour nous, comme le bœuf ; qui nous nourrissent de leurs produits, comme la vache, la chèvre, la poule ; qui veillent sur notre sûreté, comme le chien, c'est une espèce d'ingratitude tout à fait impardonnable.

C'est, en outre, une lâcheté ou bien une imprudence. Une *lâcheté*, s'il s'agit de bêtes inoffensives et faibles, qui ne peuvent se venger. Une *imprudence*, dans tout autre cas : *les bêtes*, en effet, *ne sont pas aussi bêtes qu'on pense* ; elles gardent le souvenir des mauvais traitements, et elles s'en vengent à l'occasion.

Notez qu'en soignant les animaux, c'est notre bien que nous soignons. Les vaches, mises dans une écurie spacieuse, claire, propre, lorsqu'elles sont nourries à leur goût selon la saison, donnent deux fois plus de lait qu'autrement. Un savant, qui a voyagé dans toutes les campagnes d'Europe, assure que le paysan français tire de ses bœufs le double du travail que tirent des leurs l'Espagnol ou l'Italien ; c'est que le Français les traite avec plus de douceur et plus de soins.

Il existe une société de personnes tout à fait recommandables et qu'on nomme la *Société protectrice des animaux*. Elle récompense ceux qui traitent bien les bêtes ; elle veille à l'exécution de la **loi Grammont**, qui punit les sévices exercés contre les animaux.

LOI DU 2 JUILLET 1850

DITE LOI GRAMMONT

Seront punis d'une amende de 5 à 15 francs, et pourront l'être d'un à cinq jours de prison, ceux qui auront exercé publiquement et abusivement de mauvais traitements envers les animaux domestiques. — La peine de la prison sera toujours appliquée en cas de récidive.

Mais si vous croyez que c'est aux animaux que cette loi et cette Société profitent le plus, vous vous trompez. C'est aux hommes surtout qu'elle est utile : elle leur apprend à avoir horreur de ceux qui font souffrir sans nécessité même un animal, et tant que les hommes n'éprouveront pas tous cette horreur, ils ne seront pas complètement humains ni civilisés.

ENTRETIENS

1. Qu'est-ce qui fait les bons domestiques?

Les bons maîtres font les bons domestiques.

2. Citez l'un des principaux avantages des grandes familles.

L'un des principaux avantages des grandes familles, c'est de pouvoir se suffire sans domestiques.

3. Comment et à quoi s'engage le domestique?

Le domestique ne s'engage que de son plein gré, moyennant un prix accepté de lui, et en vue d'un travail fixé d'avance. Il traite d'égal à égal avec le maître.

4. A qui le domestique doit-il l'obéissance?

Il doit obéissance aux parents et aux personnes raisonnables de la maison, mais non aux enfants.

5. Que doivent être les enfants envers les domestiques?

Les enfants doivent être respectueux et polis envers les domestiques.

6. Que deviennent les domestiques anciens dans la maison?

Les domestiques anciens dans la maison deviennent presque de la famille : les enfants doivent non seulement les respecter, mais encore les aimer.

7. Peut-on maltraiter les bêtes même dangereuses?

Il ne faut pas faire souffrir inutilement les bêtes même celles qui sont dangereuses.

8. A quoi se prépare celui qui prend plaisir à les torturer ?

Celui qui prend plaisir à torturer les bêtes s'exerce à devenir une brute malfaisante.

9. Est-ce une ingratitude de maltraiter les animaux domestiques ?

Oui c'est une ingratitude de maltraiter les animaux domestiques qui nous servent, qui nous nourrissent et qui nous défendent.

10. Quand est-ce une lâcheté ou une imprudence ?

C'est une lâcheté, quand les animaux ne peuvent pas se venger et une imprudence, quand ils le peuvent.

11. Montrez qu'il est de notre intérêt de soigner les animaux domestiques.

En soignant les animaux domestiques, c'est notre bien que nous soignons.

12. Qui punit la loi Grammont ?

La loi Grammont punit ceux qui maltraitent les animaux.

13. Que fait la Société protectrice des animaux ?

La Société protectrice des animaux veille à l'observation de cette loi.

14. A quel résultat travaille-t-elle ainsi ?

Elle travaille ainsi à rendre les mœurs plus humaines et plus civilisées.

Devoirs d'examen.

I. Expliquez comment le domestique ne cesse pas d'être l'égal de son maître, bien qu'il lui doive obéissance dans son travail.

II. Montrez quels sont les devoirs de l'enfant envers les domestiques, soit nouveaux, soit anciens dans la maison.

III. Exposez le rôle de la Société protectrice des animaux, et montrez qu'elle est surtout une Société pour l'adoucissement des mœurs des hommes.

IV. Montrez les raisons pour lesquelles nous ne devons faire souffrir inutilement aucun animal et pourquoi nous devons bien soigner les animaux domestiques.

CHAPITRE VIII
TOUT HOMME DOIT TRAVAILLER

Sommaire. — VINGT-SIXIÈME LEÇON : La loi du travail. — VINGT-SEPTIÈME LEÇON : Le travail des bras et le travail de tête.

VINGT-SIXIÈME LEÇON

LA LOI DU TRAVAIL

Un âge vient, mes enfants, où il faut quitter l'école : c'est pour aller tantôt à l'atelier, tantôt aux champs, quelquefois dans un magasin ou dans un bureau ; mais **toujours, c'est pour travailler.**

Le travail est une nécessité. Si personne ne travaillait, personne ne pourrait vivre : *le blé ne pousse pas tout seul.* Les maisons n'ont pas non plus été placée toutes faites sur la terre : il a fallu des maçons pour construire les murs, des charpentiers pour tailler et assembler les poutres et les solives ; il a fallu des carriers pour tirer des carrières les pierres à fournir aux maçons,

Les maisons ne se construisent pas toutes seules ; il faut des ouvriers maçons, charpentiers, etc. ; un architecte pour dresser les plans ; un entrepreneur pour diriger les travaux.

des bûcherons pour couper les arbres dont sont faites les poutres, des voituriers pour amener le tout sur place ; enfin, il a fallu des chefs pour commander tous ces ouvriers, pour leur distribuer l'ouvrage et pour dresser le plan de la maison. *Toutes les choses utiles à la vie sont les produits du travail.*

Vous, par exemple, de quoi vivez-vous? De quoi vous nourrissez-vous? De quoi vous habillez-vous, mes enfants? C'est de pain, c'est de toile et de drap, sans doute; mais c'est aussi du travail de vos parents. **Celui qui ne vit pas de son travail, vit donc nécessairement du travail des autres.**

Celui qui, par sa faute, *ne travaille pas, ne mérite donc pas le pain qu'il mange.*

Ce n'est pas une malédiction pour l'homme que d'être obligé de travailler. **C'est un bien.** L'habitude de travailler rend l'homme entreprenant et inventif.

Il existe quelques pays, comme l'île de Céram, dans l'Océanie, où les habitants n'ont besoin que de très peu de travail pour vivre; ils ont un arbre, qu'on nomme *l'arbre à pain :* il mérite bien son nom, car il donne en abondance une espèce de farine. Avec les feuilles, on peut faire en un instant une hutte. Ainsi, une heure de travail suffit pour assurer à dix personnes pour tout un mois le vivre et le couvert. Voilà un pays bien agréable pour les paresseux. Vous dites quelque chose, Jacques?

— Les habitants de ce pays doivent être bien heureux, monsieur.

— Eh bien ! non : les habitants de Céram ne sont pas plus heureux pour cela. Comme ils n'ont jamais songé à rien faire que d'abattre un arbre de temps en temps, *ils sont restés brutes ;* ils n'ont ni vêtements, ni canots, ni armes : ils sont à la merci des bêtes et de leurs voisins. Bref, de tous les sauvages de ces parages, ce sont les plus sots et les plus misérables.

Sans le travail, il n'y aurait jamais eu de **progrès**; la terre ne serait peuplée que de sauvages, et nous ne connaîtrions pas le bien-être de la civilisation.

Il faut donc **honorer le travail**, puisqu'il est si profitable à l'humanité. Cette vérité est claire comme le jour. Et pourtant elle a été méconnue bien souvent.

Au moyen âge, les **nobles** tiraient vanité de ne rien faire, et de laisser tout l'ouvrage aux **vilains** et aux **serfs**. Ils ne se doutaient guère qu'en agissant ainsi, ils imitaient par leur plus mauvais côté les anciens païens, qu'ils méprisaient tant. Ils ressemblaient même aux sauvages les plus grossiers : car ceux-ci se font remarquer par leur aversion pour le travail; dans chaque tribu, les plus forts écrasent de coups les faibles, les femmes, les enfants, les vieillards, pour les contraindre à porter les fardeaux ou à chercher de la nourriture, tandis qu'eux-mêmes font les seigneurs.

Le travail est la seule noblesse véritable.
Le respect du travail est le propre des peuples civilisés.

VINGT-SEPTIÈME LEÇON

LE TRAVAIL DES BRAS ET LE TRAVAIL DE TÊTE

— Monsieur, vous nous avez bien dit que dans les temps anciens les esclaves travaillaient seuls, pendant que les hommes libres se reposaient ?

— C'est la vérité, mon petit Paul.

— Mais alors, monsieur, tous les grands hommes de l'antiquité dont vous nous avez appris les noms, ceux qui faisaient des livres de science, comme Aristote[1], ceux qui sculptaient de belles statues comme Phidias[2], enfin tous ceux qui ont fait des chefs-d'œuvre, c'étaient donc des esclaves ? Car il n'y a pas à dire : ils travaillaient bien, ceux-là.

— Votre remarque est juste, mon ami. Non, Phidias, Aristote, et les autres grands hommes n'étaient pas des esclaves, bien qu'ils fissent certains travaux. C'est qu'autrefois, et il n'y a pas si longtemps encore, on avait l'habitude de distinguer deux sortes de travail, ou, comme on disait, *deux classes de professions :*

1. Aristote, philosophe grec, précepteur d'Alexandre le Grand.
2. Phidias, né en Grèce, le plus célèbre sculpteur de l'antiquité.

D'un côté on mettait le **travail manuel**, ou travail des mains, comme celui du *cordonnier*, du *maçon*, du *garçon de ferme*. C'est ce qu'on nomme encore les *professions serviles*, en souvenir des *serfs* et des *esclaves* à qui l'on réservait autrefois les travaux pénibles. De l'autre côté, c'était le **travail intellectuel** ou travail de tête; par exemple, celui du *professeur*, de l'*écrivain* qui compose un livre, du *patron* qui fait marcher une entreprise. C'est ce qu'on appelait aussi les *professions libérales*, parce qu'autrefois les hommes libres, quand ils travaillaient, n'en exerçaient pas d'autres.

On croyait alors que les professions libérales étaient seules honorables, et qu'un homme s'abaissait en travaillant de son corps, en se faisant *ouvrier*.

C'était là une injustice, et une sottise. D'abord, *dans toutes les professions sans exception, il faut travailler de la tête aussi bien que du corps*. Un maçon fait d'autant mieux son ouvrage qu'il y met plus d'intelligence.

De son côté, un professeur n'a pas besoin seulement d'un grand savoir, il lui faut aussi une bonne voix pour se faire entendre, une poitrine robuste pour résister à la fatigue d'enseigner. Un écrivain bien souvent passe les nuits, fatigue ses yeux et use sa santé, pour venir à bout des questions qu'il étudie.

Quelques-uns se figurent que le *travail des mains est le seul qui donne de la peine;* ils ont l'air de croire que les ouvriers méritent seuls le nom honorable de **travailleurs**. C'est encore une erreur.

Les travaux de tête demandent d'abord un apprentissage plus difficile et plus long qu'aucun autre métier. Ensuite, ces travaux sont pour le moins aussi fatigants : ils laissent même moins de répit. **Un ouvrier**, *une fois sa tâche faite, peut se délasser*, il est libre de soucis du côté de son ouvrage. **Le patron**, au contraire, porte avec lui, le jour et la nuit, la *respon-*

sabilité et le tracas de toute l'entreprise. L'écrivain ne cesse de penser à son livre et le **savant** à ses calculs ou à ses expériences. Travailler de leurs mains serait pour eux un véritable *délassement.*

Il serait donc bien injuste de refuser le titre de travailleur à ces hommes, les plus laborieux et les plus chargés de soucis qui soient.

De plus, ce sont les **travailleurs de l'intelligence** qui, par les *inventions,* viennent au secours des **travailleurs manuels.** D'où sont sorties tant de *machines* qui soulagent les ouvriers, si ce n'est pas de la tête des inventeurs? **Denis Papin** et **James Watt** ne travaillaient pas des bras quand ils imaginèrent les premières machines à vapeur: et cependant, ils ont donné aux ouvriers du monde entier des auxiliaires de fer et d'acier qui font autant de travail que des millions de bras robustes.

Tout cela n'empêche pas d'ailleurs le travail manuel d'être aussi honorable que le travail intellectuel : *tout métier qui peut nourrir honnêtement son homme est un bon métier.*

Quelques-uns, par vanité, dédaignent un métier qui les ferait bien vivre, pour un bureau où ils végèteront ; ils auraient honte d'être des ouvriers ou des paysans et ils veulent se donner des airs de *messieurs.* Ne les imitez pas ; sachez qu'un bon ouvrier, rangé et économe, est estimé des hommes de bon sens à l'égal de tous les *messieurs* du monde.

Denis Papin. — Célèbre mécanicien et physicien, né à Blois en 1647, se fixa en Allemagne après la Révocation de l'*Édit de Nantes,* mourut à Marbourg vers 1714. Il inventa la première machine à vapeur à haute pression, la soupape de sûreté, etc.

ENTRETIENS

1. Qu'est-ce qui vient après l'âge d'étudier?

Après l'âge d'étudier vient l'âge de travailler.

2. Si personne ne travaillait, pourrait-on vivre?

Si personne ne travaillait, personne ne pourrait vivre ; car toutes les choses utiles à la vie sont les produits du travail.

3. Comment doit-on traiter le paresseux?

Le paresseux ne mérite pas le pain qu'il mange, il est mal vu du travailleur.

4. Qu'est-ce pour l'homme que la nécessité de travailler?

La nécessité de travailler n'est pas une malédiction pour l'homme : c'est au contraire un bien.

5. Qu'est-ce qui n'existerait pas sans le travail?

Sans le travail, il n'y aurait ni progrès, ni bien-être, ni civilisation.

6. Que faut-il penser du travail?

Il faut honorer le travail.

7. Que faisaient les nobles au moyen âge?

Au moyen âge, les nobles faisaient travailler les serfs à leur place.

8. Les sauvages font-ils de même?

De même, chez les sauvages, les plus forts obligent les faibles à travailler, et font les seigneurs.

9. Quelle est la vraie noblesse?

Aujourd'hui, le travail est la seule noblesse véritable.

10. Combien distinguait-on autrefois de sortes de travail?

Autrefois on distinguait deux sortes de travail : le

travail manuel ou travail servile, et le travail intellectuel ou travail libéral.

11. Quelle opinion avait-on de ces deux sortes de travail?

On croyait que le travail manuel était déshonorant, et que le travail libéral était seul honorable.

12. Est-ce qu'il y a des professions où l'on ne travaille que de tête, ou bien que du corps?

Non; dans toutes les professions, il faut travailler de la tête comme du corps. Il n'y a que des différences de plus ou de moins.

13. Quelles sont les professions qui donnent le plus de peine?

C'est aussi une erreur de croire que le travail manuel donne seul de la peine : les professions libérales donnent plus de tracas et laissent souvent moins de répit.

14. Que sont pour l'humanité les inventeurs?

Parmi les travailleurs intellectuels, les inventeurs rendent des services immenses aux travailleurs manuels : ils sont les bienfaiteurs de l'humanité.

15. A quoi reconnaissez-vous un bon métier?

Le travail manuel est aussi honorable qu'un autre : tout métier qui nourrit honnêtement son homme est un bon métier.

Devoirs d'examen.

I. Pourquoi le travail est-il une nécessité bienfaisante?

II. Montrez que le travail crée la vraie noblesse de l'homme.

III. En quoi se distinguent, en quoi se rapprochent et s'entr'aident le travail manuel et le travail libéral. Montrez qu'ils sont également honorables. Faites voir que les inventeurs, les savants, sont des travailleurs dont le travail vaut celui de milliers et de millions de bras.

CHAPITRE IX
LA LIBERTÉ DU TRAVAIL ET DU COMMERCE

Sommaire. — Vingt-huitième leçon : La liberté du travail. — Vingt-neuvième leçon : La liberté du travail autrefois. — Trentième leçon : La liberté du commerce. — Trente et unième leçon : Le libre échange et la protection.

VINGT-HUITIÈME LEÇON
LA LIBERTÉ DU TRAVAIL

— Mes enfants, lorsque le moment sera venu pour vous de choisir un métier, je ne vous conseille pas de répondre comme Jean Cassignol, quand son père lui demanda s'il voulait se faire menuisier, cordonnier, tailleur, chapelier, etc. Il répondit : « Je veux bien tout ça à la fois. » Il faut se décider : **à chacun son métier, l'ouvrage sera bien mené.**

Chez les sauvages, chaque individu est obligé de suffire à tous ses besoins, et de faire tous les métiers : il est tour à tour *architecte* pour bâtir sa hutte, *armurier* pour fabriquer ses ustensiles de chasse, *constructeur* pour se creuser un canot dans un tronc d'arbre, *tailleur* pour se faire un vêtement de peaux. Mais, comme il n'a le temps de se perfectionner dans aucun de ces métiers, il s'acquitte assez mal de tous, et les objets de sa fabrication sont peu solides, mal commodes et ridicules à voir.

Pour apprendre à faire vite, sans peine et bien un travail quelconque, il faut d'abord y être *disposé par nature :* ainsi il faut avoir une vue perçante pour devenir bon chasseur, une main légère et sûre pour être bon horloger. Il faut surtout *donner tout son temps à* ce même travail. Aussi, dans tous les pays qui ne sont pas restés sauvages, peu à peu chacun s'est appliqué à un travail particulier, *chacun a pris un métier.*

Chacun a le droit de choisir le métier qui lui convient : c'est ce qu'on nomme la *liberté du travail*. Il importe d'en user raisonnablement : il ne faut pas croire qu'un métier vous convient parce que vous seriez flatté de l'exercer. *Le métier qui vous convient n'est pas toujours celui qui vous plaît d'avance*, car vous ne le connaissez pas encore.

Choisissez-le d'accord avec vos **aptitudes** : c'est celui-là dont vous vous acquitterez le mieux; c'est aussi celui où vous avez le plus de chances d'être heureux : d'abord, parce que vous y gagnerez mieux votre vie, ensuite parce que vous y trouverez le meilleur emploi de toutes vos capacités.

VINGT-NEUVIÈME LEÇON

LA LIBERTÉ DU TRAVAIL AUTREFOIS

Autrefois, *avant la Révolution, la liberté du travail n'existait pas*. On n'était pas libre de choisir un métier à son gré. Par exemple, si vous vouliez être cordonnier, il fallait d'abord aller trouver un **maître cordonnier**, et obtenir de lui la permission de travailler dans son atelier comme **apprenti**. Le maître alors allait consulter ses confrères, qui formaient avec lui la **corporation** des cordonniers. C'étaient eux qui décidaient si l'on pouvait ou non admettre un apprenti dans le métier; et ils ne s'y résolvaient pas facilement, par orgueil d'abord, et puis par peur de diminuer la part de travail des autres.

Si l'aspirant était admis, il obtenait le droit de payer une bonne somme d'argent à son patron, une autre à la corporation, moyennant quoi il était apprenti; c'est-à-dire qu'il avait la permission de servir les ouvriers, de mettre de la poix au fil qu'ils employaient, etc. Mais, quant à toucher un tranchet ou un cuir, cela lui était bien défendu.

Cela durait au moins quatre ans. Après, on pouvait devenir **compagnon**, autrement dit ouvrier : ce nouveau grade coûtait encore un bon prix. Et une fois parvenu à cette hauteur, la plupart en restaient là.

Quelques-uns seulement, qui étaient protégés par leurs maîtres, et surtout bien munis d'argent, étaient admis, après de longues années, à se présenter pour la **maîtrise**. Il fallait d'abord faire un *chef-d'œuvre*, un travail parfait en son genre.

Les maîtres se réunissaient pour l'apprécier; et soyez sûrs que si le compagnon leur déplaisait, ou s'ils trouvaient qu'il n'y avait pas trop d'ouvrage pour le partager avec un patron de plus, ils ne se faisaient pas faute de refuser les plus beaux chefs-d'œuvre. Si cependant le compagnon passait **maître**, alors il fallait acheter la maîtrise, et elle lui coûtait parfois plusieurs milliers de francs, ce qui était pour le temps une petite fortune.

Ce n'est pas encore tout : quand on était maître dans un métier, il ne fallait pas essayer d'*agrandir ses affaires*, ni surtout d'*inventer* des perfectionnements.

Un cordonnier avait droit de faire des souliers neufs; mais s'il avait le malheur de raccommoder les siens ou ceux de sa femme et de ses enfants, les maîtres savetiers lui faisaient tout de suite un procès : ces procès duraient parfois des siècles et des siècles et ruinaient plusieurs générations de cordonniers et de savetiers. A Paris seulement, il se dépensait, bon an mal an, 800 000 francs en procès de ce genre.

Quand un maître faisait une invention, au lieu de lui donner un brevet, *la police descendait chez lui*, saisissait toutes les marchandises nouvelles, les détruisait et mettait le feu à ses outils et à ses machines. Voilà comment on respectait les hommes de progrès dans ce temps-là.

A la fin de la royauté, sous Louis XVI, un ministre, le grand et bon **Turgot**, essaya d'abolir les corporations. Mais il avait à peine obtenu du roi l'ordonnance qui établissait la *liberté du travail*, que des courtisans, payés par les chefs des corporations, le firent chasser.

Il fallut la **grande Révolution** pour en finir avec cette injustice si ancienne : une loi, en 1791, abolit à jamais corporations et maîtrises. Quand vous choisirez votre état, souvenez-vous-en, mes amis, et dites-vous bien : « *Sans la Révolution, je ne pourrais pas prendre le métier* qui me plaît. **C'est la Révolution qui a émancipé les travailleurs** ».

TRENTIÈME LEÇON

LA LIBERTÉ DU COMMERCE

Du moment où chacun de nous ne fait plus lui-même tous les objets dont il a besoin, *il faut bien que nous échangions entre nous nos produits et nos services.* Le menuisier ne peut pas se nourrir avec les planches qu'il rabote, ni le boulanger se faire une maison avec ses pains. Il faut donc qu'ils s'entendent entre eux pour se fournir l'un à l'autre les choses dont ils manquent, en les échangeant.

Tout homme a le droit d'acheter où il lui plaît et à qui il lui plaît. Tout homme a le droit de vendre au prix qu'il juge bon. C'est à l'acheteur et au vendeur de faire eux-mêmes leur prix, en le débattant librement. C'est là ce qu'on appelle la **liberté du commerce**.

A la vérité, les marchands peuvent être tentés quelquefois de vendre leurs denrées à un *prix excessif.* De même, l'ouvrier ou le domestique voudrait parfois louer son travail ou ses services plus cher que de raison. Seulement, il se trouverait bientôt quelqu'un pour dire : Voilà un marchand qui vend trop cher, ou un ouvrier qui demande un trop gros salaire : je me chargerais bien de vivre en me contentant d'un moindre bénéfice. Je vais offrir les mêmes services ou les mêmes denrées à meilleur marché. Vous comprenez qu'aussitôt les autres marchands ou les autres ouvriers seront forcés de baisser leur prix, sinon toute la clientèle ira au nouveau venu. Tel est l'effet de la **concurrence** : *c'est elle qui fait baisser tous les prix jusqu'à ce qu'ils deviennent raisonnables.*

TRENTE ET UNIÈME LEÇON

LIBRE-ÉCHANGE ET PROTECTION [1]

Lorsque la *concurrence* est permise, non seulement entre les gens d'un même pays, mais entre des pays différents, elle s'appelle le **libre-échange** : alors chacun peut, sans obstacle, acheter les objets dont il a besoin là où il les trouve le plus à sa convenance et au meilleur marché, même à l'étranger ; de même chacun peut vendre sans difficulté ces produits partout où il trouve des clients, même en dehors des frontières.

Au contraire, quand on ne peut pas faire entrer des marchandises dans un pays sans payer des droits de *douane*, et quand ces droits sont assez élevés pour détourner les gens d'acheter les marchandises étrangères et les obliger à acheter celles du pays, ce régime s'appelle la **protection**.

Les partisans du *libre-échange* soutiennent que la concurrence excite les producteurs à faire des progrès afin de vendre à bon marché des articles les meilleurs possibles ; qu'ainsi elle favorise les consommateurs, qui ont besoin de ménager leur argent ; que de plus, si nous fermons nos frontières aux produits de l'étranger, l'étranger nous fermera les siennes, et que notre commerce en souffrira.

Les *protectionnistes* répondent que les producteurs d'un seul et même pays sont déjà assez nombreux

1. Voir *Notions de Droit usuel, de Droit commercial et d'Économie politique*, par Reverdy et Burdeau. Picard et Kaan, éditeurs.

pour se faire suffisamment concurrence ; qu'à l'étranger il y a des pays plus favorisés par la nature pour certaines productions, comme celles du blé, du bétail, des métaux, des tissus de coton, etc., et que tous ces produits, si on les laissait venir sans obstacle chez nous, feraient tomber les prix trop bas pour permettre à nos cultivateurs et à nos ouvriers de gagner leur vie.

En ce moment, le régime commercial sous lequel est placé la France est un régime de protection.

ENTRETIENS

1. Pourquoi chacun ne peut-il faire qu'un métier ?

On ne peut faire bien qu'un métier à la fois. A chacun son métier, l'ouvrage sera bien mené.

2. Chez les sauvages en est-il ainsi ?

Chez les sauvages, chacun est obligé de faire tous les métiers pour suffire à tous ses besoins.

3. Comment se fait le progrès de l'industrie ?

Le progrès de l'industrie se fait par la division du travail.

4. En quoi consiste la liberté du travail ?

Tout Français est libre de choisir son métier : c'est ce qu'on appelle la liberté du travail.

5. Qui faut-il consulter pour choisir un métier ?

Pour choisir un métier, il faut consulter ses capacités plus que son goût.

6. A quelle époque la liberté du travail n'existait-elle pas ?

Sous la royauté, avant la Révolution, la liberté du travail n'existait pas.

7. Comment devenait-on apprenti, compagnon, patron?

Il fallait payer pour être reçu comme apprenti, payer pour devenir compagnon, payer et faire un chef-d'œuvre pour devenir maître. Les corporations ne vous recevaient que contre argent comptant.

8. Combien un maître pouvait-il exercer de métiers?

Les maîtres n'avaient le droit d'exercer qu'un métier, sans empiéter sur le métier voisin. Un cordonnier ne pouvait raccommoder sa chaussure sans avoir procès avec les savetiers.

9. Favorisait-on les inventeurs?

Il était défendu d'inventer, sous peine de voir la police brûler l'invention.

10. Qui voulut abolir les maîtrises? — Pourquoi ne réussit-il pas?

Turgot voulut abolir les jurandes et les maîtrises; mais Louis XVI n'eut pas le courage de le soutenir.

11. Qui a établi la liberté du travail?

C'est la grande Révolution qui a établi la liberté du travail: tous les ouvriers doivent la bénir.

12. Sans le commerce qu'arriverait-il?

Sans le commerce il faudrait que chacun produisît tous les objets dont il a besoin; il n'y aurait plus de division du travail, plus de progrès dans l'industrie.

13. En quoi consiste la liberté du commerce?

La liberté du commerce consiste à acheter ce qu'on veut, à qui l'on veut, moyennant un prix débattu librement.

14. A quoi sert la concurrence?

Lorsqu'un marchand ou un ouvrier veut vendre trop

cher ses denrées ou ses services, la concurrence arrive et le force à abaisser ses prix ou à perdre sa clientèle.

15. Quand la concurrence se fait entre pays étrangers, comment se nomme-t-elle ?

La concurrence entre pays étrangers se nomme libre-échange.

16. Quand les droits de douane sont élevés, qu'arrive-t-il ?

Quand les droits de douane sont élevés, ils obligent à acheter les marchandises du pays, ce régime s'appelle la protection.

Devoirs d'examen,

I. Exposez dans une lettre à un camarade quel est le métier que vous préférez, et donnez vos raisons.

II. Comparez la carrière d'un apprenti devenu patron, avant la Révolution et aujourd'hui.

III. Peut-on empêcher la liberté du commerce ? — Si on y réussissait, cela serait-il d'un bon effet ?

IV. Expliquez par écrit la différence qu'il y a entre le libre-échange et la protection.

CHAPITRE X
LE TRAVAIL ET LE CAPITAL

Sommaire. — TRENTE-DEUXIÈME LEÇON : L'ouvrier et le patron. TRENTE-TROISIÈME LEÇON : La propriété et l'épargne.

TRENTE-DEUXIÈME LEÇON

L'OUVRIER ET LE PATRON

Quand plusieurs hommes travaillent à une même entreprise, il faut qu'il y en ait un qui commande : on le nomme le **patron** ou le **contremaître**. Le plus souvent le patron ne se borne pas à diriger les ouvriers, il leur *fournit* encore un atelier, des machines, des outils ; il s'occupe de *trouver des commandes* pour les faire travailler ; il leur **paye** leur travail toutes les quinzaines, bien souvent avant d'avoir trouvé le placement des marchandises qu'ils ont fabriquées, et presque toujours avant d'avoir touché le prix de ses ventes : c'est comme s'il leur faisait des **avances**, car sans lui il leur faudrait attendre d'abord que les clients viennent, et ensuite qu'ils payent.

Le **patron** *met donc dans l'entreprise commune son intelligence et son argent. L'ouvrier y met son intelligence et son travail.*

Un ouvrier n'est jamais forcé de se placer chez un patron. Mais une fois qu'il l'a fait, il lui doit l'o**béissance** et le **respect** dans toutes les choses qui concernent son travail.

Le patron, de son côté, doit à l'ouvrier le **salaire** ou payement convenu ; il lui doit aussi le respect, car **tous les hommes**

Les grèves amènent la misère chez l'ouvrier, parfois la ruine du patron. Tout le monde y perd.

sont égaux. C'est au patron et à l'ouvrier de débattre entre eux leur prix en toute liberté.

Si les ouvriers d'un métier trouvent que les patrons ne les payent point assez, il leur est permis de s'entendre, de former, comme on dit, une *coalition*, pour demander une élévation de salaire.

Si les patrons refusent, les ouvriers peuvent refuser aussi le travail, pourvu, naturellement, qu'ils exécutent d'abord leurs engagements, par exemple, qu'ils finissent leur huitaine ou leur quinzaine, dans les métiers où c'est l'usage. Cette condition une fois remplie, ils ont le droit de se mettre en *grève*.

Seulement, s'il y a d'autres ouvriers qui ne soient pas de l'avis des premiers, ils sont bien libres de continuer le travail, d'accord avec les patrons, au prix qu'il leur plaît : **le travail est libre.** Si ceux qui font grève essayaient par la violence d'empêcher les autres de travailler, *la loi les punirait d'un emprisonnement qui pourrait durer jusqu'à trois ans,* sans parler d'une *amende de 3 000 francs* au plus.

De leur côté, les patrons ont le droit de ne donner l'ouvrage qu'au prix qu'ils jugent convenable ; personne ne peut les forcer de payer plus qu'ils ne veulent, de même que personne ne peut forcer un ouvrier de faire le travail à un prix qu'il ne juge pas suffisant.

Les grèves occasionnent des moments de *chômage*, c'est-à-dire des moments où l'on ne travaille plus. **Tout le monde y perd :** les ouvriers d'abord, puisqu'ils ne gagnent plus de salaires, et les patrons aussi, parce qu'ils ne peuvent plus exécuter les commandes et que *la clientèle prend l'habitude de s'adresser ailleurs.*

Il faut donc éviter les grèves, c'est l'intérêt de tout le monde. Pour cela, il y a un bon moyen, qui a réussi en Angleterre aux ouvriers des mines et à leurs patrons. Voici comment ils s'y prennent :

Les ouvriers d'une mine choisissent quatre ou cinq d'entre eux, les plus raisonnables et les plus expérimentés, et les nomment leurs *délégués ;* les patrons en font autant de leur côté. Les délégués se réunissent, et leur réunion s'appelle la *Commission des arbitres :* ces arbitres sont chargés d'arranger les difficultés qui peuvent naître entre les patrons et les ouvriers.

Ils font encore mieux : au lieu d'attendre que les disputes surgissent au sujet du prix de l'ouvrage, tous les trois mois ils se réunissent et discutent entre eux le salaire qu'il faudra donner aux ouvriers. Comme ils le font en toute conscience, chacun se fie à eux, et on se soumet volontiers à leur avis.

De cette façon, il n'y a *pas de grève, pas de chômage*; les ouvriers sont payés équitablement, les clients sont sûrs que leurs commandes seront livrées au jour dit, les patrons gagnent, et par dessus le marché **tout le monde vit en bon accord.**

TRENTE-TROISIÈME LEÇON

LA PROPRIÉTÉ ET L'ÉPARGNE

Quand un homme a travaillé, si quelqu'un venait lui enlever le fruit de son travail, vous crieriez: *Au voleur!* et vous aideriez de toutes vos forces à l'arrêter pour rendre à l'autre ce qu'on lui aurait pris.

Vous auriez raison: en effet, *chacun est maître des fruits de son travail.* Ils sont sa **propriété**: il peut en disposer à sa guise.

Il peut les mettre en réserve pour plus tard, les *épargner.* Les choses épargnées se nomment encore un **capital**; ainsi les grains que le cultivateur serre pour ses semailles de l'année prochaine sont un capital; l'argent que l'ouvrier économise pour s'acheter un outil est un capital; l'outil lui-même, une fois acheté, est un capital.

Tous ceux qui épargnent sont des **capitalistes**, c'est-à-dire propriétaires d'un capital.

Personne, mes enfants, n'est propriétaire que de ce qu'il a amassé par son travail et son épargne. —

— Pourtant, monsieur, est-ce qu'il n'y a pas des gens qui ont des propriétés sans avoir travaillé? Voilà M. Dupontville; on dit que son père lui a laissé plus de 800 000 francs, rien qu'en biens-fonds? Ce n'est pas lui qui les a amassés, pour sûr: mon oncle Antoine disait encore l'autre jour que jamais il n'avait fait œuvre de ses dix doigts.

— C'est vrai, mon petit Paul. Il y a des gens qui, pour se trouver riches, n'ont eu que la peine de naître. Mais c'est que le premier propriétaire de ces richesses, celui qui les avait amassées par le travail et l'épargne, les leur a laissées en héritage ou données en cadeau. Celui qui est propriétaire est bien maître de donner son bien à qui lui plaît, tandis qu'il est vivant. Pourquoi ne serait-il pas maître également de le donner au moment de sa mort, de le *léguer*, comme on dit?

Enfin, pas un homme ne se donnerait la peine d'amasser du bien, s'il n'était pas sûr, en cas de mort, de le laisser aux siens pour leur rendre la vie plus facile. *Il n'y aurait plus d'épargne, plus de capital nulle part :* ce qui serait un grand mal public.

Vous voyez donc **qu'il faut respecter la propriété**, même chez ceux qui l'ont reçue sans avoir travaillé; car c'est comme si vous respectiez la volonté de ceux qui leur ont légué leurs biens.

ENTRETIENS

1. Quand plusieurs hommes travaillent au même ouvrage, que faut-il?

Quand plusieurs hommes travaillent à un même ouvrage, il faut que l'un commande : c'est le patron ou le contremaître.

2. Examinez les services que rend le patron.

Le patron fournit l'atelier et les outils ; il procure les commandes ; il fait des avances aux ouvriers en les payant avant que leur ouvrage soit vendu et payé.

3. Que mettent dans l'entreprise le patron et les ouvriers ?

Le patron y met son intelligence et son argent : l'ouvrier y met son intelligence et son travail.

4. Qu'est-ce que l'ouvrier doit au patron ?

L'ouvrier doit le respect et l'obéissance au patron dans le travail.

5. Qu'est-ce que le patron doit à l'ouvrier ?

Le patron doit le salaire et le respect à l'ouvrier.

6. Le patron et l'ouvrier sont-ils égaux ?

Le patron et l'ouvrier sont égaux devant la loi.

7. Que peuvent faire les ouvriers pour obtenir de l'augmentation ?

Les ouvriers peuvent se mettre en grève pour faire augmenter leur salaire.

8. Qu'arrive-t-il s'ils forcent des camarades à se mettre en grève avec eux ?

Sous peine de prison et d'amende, les ouvriers ne peuvent forcer personne à se mettre en grève avec eux.

9. Quel est le droit des patrons ?

Les patrons ont aussi le droit de se mettre en grève.

10. Quels sont les effets des grèves ?

Les grèves amènent le chômage et éloignent la pratique. Elles font plus de mal que de bien.

11. Comment fait-on en Angleterre pour les éviter ?

En Angleterre, pour éviter les grèves, les ouvriers et les patrons nomment des arbitres qui fixent à l'amiable le salaire des ouvriers.

12. De quoi chacun est-il propriétaire ?

Chacun est propriétaire des fruits de son travail : il peut en user à sa guise.

13. Qu'est-ce qu'un capital ? — Un capitaliste ?

Le fruit du capital économisé forme un capital. Celui qui épargne devient capitaliste.

14. Que peut faire le propriétaire en mourant ?

Le propriétaire peut léguer ses biens en mourant, comme il peut les donner de son vivant.

15. L'héritier est-il légitime propriétaire? — Que faut-il respecter en lui?

L'héritier est légitime propriétaire des biens à lui légués, bien qu'il n'ait pas travaillé pour les avoir. Il faut respecter en lui la volonté du défunt.

16. Qu'arriverait-il, si on ne pouvait pas léguer ses biens?

Si l'on n'avait pas le droit de léguer ses biens, on les gaspillerait, ou plutôt on n'en amasserait pas.

17. Est-il à souhaiter que personne n'épargne, et qu'il n'y ait plus de capitaux?

Ce serait un malheur public, si personne n'épargnait, et s'il n'y avait plus de capitaux.

Devoirs d'examen.

I. Qu'est-ce qu'une grève? Montrez quel tort elle peut causer; faites voir comment on peut s'entendre à l'amiable et plus avantageusement.

II. Qu'est-ce que c'est que l'épargne, le capital, la propriété? — Exemple des bienfaits de l'épargne.

III. Faites voir que le capital est l'instrument nécessaire de tous les progrès. Citez des exemples.

CHAPITRE XI

LE RESPECT DES PERSONNES, DES PROPRIÉTÉS, DES CONSCIENCES

Sommaire. — TRENTE-QUATRIÈME LEÇON : L'égalité des hommes. — L'esclavage. — TRENTE-CINQUIÈME LEÇON : L'esclavage est inexcusable. — TRENTE-SIXIÈME LEÇON : Le respect des personnes. — TRENTE-SEPTIÈME LEÇON : Le respect des propriétés.

TRENTE-QUATRIÈME LEÇON

L'ÉGALITÉ DES HOMMES. — L'ESCLAVAGE

— Lorsque vous aurez passé votre vingtième année,

que vous serez vigoureux, instruits des choses nécessaires, munis d'un métier, alors, mes amis, vous entrerez
dans une phase toute nouvelle de la vie. Vous ne serez
plus ni des enfants, ni des écoliers, ni des apprentis.
Vous serez... voyons, Jacques, vous avez envie de le
dire : expliquez votre idée.

— Monsieur, nous serons **majeurs**.

— Pas trop mal répondu, mon petit ami. Oui, vous
serez majeurs. Mais cela ne nous dit pas encore *ce que
vous aurez à faire*, ni quel changement se sera accom-
pli dans votre position.

Eh bien ! voici : vous serez des **hommes**, et vous
serez des **citoyens**. Retenez bien ces deux mots.

Un citoyen, c'est celui qui fait partie d'une *nation*,
qui en accepte les *lois*, qui est prêt à en défendre les
droits et le *territoire* contre l'étranger ; enfin, qui
contribue aux dépenses publiques en payant sa portion
d'*impôts*. **Un bon citoyen est celui qui sert
bien son pays, et qui l'honore** : il n'est rien de
plus beau que de mériter ce titre.

Mais vous apprenez tout cela plus en détail dans
votre livre d'instruction civique.

Pour aujourd'hui, j'ai à vous expliquer ce que c'est
que d'être un homme.

Un **homme** *est celui qui appartient de cœur à
l'humanité, comme le* **citoyen** *appartient à sa cité,
à sa nation.* Un homme digne de ce nom respecte tous
ses semblables, comme ses égaux. Il est disposé à les
aimer tous comme ses frères.

— Monsieur, j'ai lu dans le beau livre que vous avez
donné en prix d'honneur à mon frère Jules, le *Tour
du monde*, qu'il y a des sauvages tout à fait abrutis.
Ainsi ceux de la *Terre de Feu*[1] ne savent même pas se
bâtir des cabanes ; ils font des trous en terre pour
s'abriter, comme des bêtes, ils laissent périr de faim
les trois quarts de leurs enfants, et quand leurs parents

1. Ile de l'Amérique du Sud, découverte par Magellan en 1520.

sont vieux, ils les assomment ou les font mourir de besoin. Est-ce que ces sauvages-là sont nos égaux ? Est-ce qu'il faut les respecter ?

— Oui, certes, mon enfant, toutes les fois du moins qu'ils ne font tort ni à nous, ni à aucune autre personne humaine : **la justice le veut.**

D'abord, songez-y, ces pauvres êtres sont à plaindre autant qu'à blâmer. Ils n'ont pas eu comme vous le bon exemple ; ils ont vécu de misère, tiraillés par la faim quatre-vingt-dix-neuf jours sur cent, et puis, gorgés de nourriture malsaine, crevant d'indigestion, quand par hasard la chasse ou la pêche avait donné : car ils ne savent rien garder pour le lendemain.

Je voudrais voir des hommes civilisés soumis à ce régime-là ! Ils ne vaudraient guère mieux que les sauvages. Sur le radeau de la *Méduse*[1], les naufragés parlaient de se manger les uns les autres, ni plus ni moins que des Papous[2] affamés.

TRENTE-CINQUIÈME LEÇON

L'ESCLAVAGE EST INEXCUSABLE

Vous parlez des habitants de la Terre de Feu ; eh bien ! justement, il est arrivé qu'en 1830 le capitaine du vaisseau anglais *le Beagle*, M. Fitz-Roy, prit à son bord trois de ces sauvages, un vieux et deux enfants. Il les emmena en Angleterre, où ils furent examinés par le savant naturaliste Darwin[3], qui les réaccompagna dans leur pays.

Le vieux était triste, silencieux, assez méchant : tout

1. Ce vaisseau fit un naufrage tristement célèbre dans les annales maritimes, le 2 juillet 1816, sur le banc d'Arguin, à quarante lieues de la côte d'Afrique. Une partie des naufragés se sauvèrent sur un radeau, après des souffrances inouïes.

2. Habitants de la Papouasie, appelée aussi *Terre des Papous*, ou Nouvelle-Guinée.

3. Darwin, célèbre naturaliste et physiologiste anglais (1809-1880.)

ce qu'on put lui dire ou lui faire ne le changea pas, *son caractère était fait.* Mais les jeunes se formèrent très vite : ils devinrent propres, gais, serviables, et se firent aimer de tous ceux qui les approchaient ; ils montraient de la facilité pour apprendre, de l'honnêteté, du goût pour la vie sociable. *Trois ans de séjour dans un pays civilisé avaient suffi pour en faire des êtres dignes de vivre dans notre société.*

Ne nous figurons donc pas, ni que nous soyons si supérieurs aux sauvages, ni qu'ils soient si incapables de s'élever jusqu'à nous, avec du temps.

Au surplus, **c'est à force de rabaisser les sauvages, qu'on finit par les croire nés pour l'esclavage.** Avec ce beau prétexte, on les vole comme font les *traitants* en Afrique, on trafique d'eux, on les fait travailler comme des bêtes de somme, on les écrase de coups, on les martyrise, et on dit : *Ce sont des sauvages : ils sont faits pour cela.* C'est bien une des plus abominables paroles que l'homme puisse proférer.

Tous les peuples civilisés ont fini par le reconnaître : **la France a délivré tous les esclaves de ses colonies en 1848 ;** et les États-Unis d'Amérique ont également libéré les leurs malgré la résistance des *propriétaires de chair humaine,* qui ont fait une affreuse guerre civile pour essayer de les conserver.

Aujourd'hui, partout où règne la civilisation européenne, *tout homme est libre de son corps.*

— Mais, monsieur, et ceux qu'on met en prison ?

— D'abord, on n'en fait pas des esclaves : on les met hors d'état de faire du tort ou du mal aux autres, voilà tout. Ensuite, écoutez bien ceci :

Chaque homme est maître d'aller et de venir, et de faire ce qu'il veut : c'est là son *droit.* Mais si quelqu'un abuse de cette liberté pour m'empêcher, moi, d'agir de mon côté comme je veux, *il viole mon droit à moi* : et par conséquent il dépasse le sien ; car **il n'y a point de droit contre le droit.**

Dans ce cas-là, je peux me protéger contre cet homme ; je le dois même, car si on ne l'arrêtait pas, il prendrait l'habitude de violer les droits des autres, surtout ceux des faibles.

Vous le voyez, mes enfants, *chacun est libre, à la seule condition de ne pas attenter à la liberté d'autrui.*

TRENTE-SIXIÈME LEÇON

LE RESPECT DES PERSONNES

— Mes enfants, je n'ai pas besoin de vous apprendre que vous devez respecter la vie et les biens de vos semblables. Le **meurtre** et le **vol** sont des **crimes** ; les lois les punissent, et les autorités, les gendarmes, les juges se chargent de faire exécuter ces lois-là.

Mais pour vous expliquer ces choses, il faudrait commencer par vous dire ce que c'est que la loi, comment on fait les lois, et pourquoi il faut y obéir. Tout cela, c'est *l'instruction civique*, et nous en parlerons plus tard.

En attendant, vous comprenez par vous-mêmes que si on se mettait à ne plus respecter la personne et la propriété de chacun, *on ne pourrait plus vivre ensemble.* Tout le monde serait sur le qui-vive ; et ce serait *la guerre de tous contre tous,* comme chez les sauvages. Et même ce serait pire, puisque, eux au moins, ils ménagent ceux de leur tribu.

Un homme qui en frappe un autre n'est plus un homme : c'est une bête brute.

Vous avez quelque chose à dire, Jacques ? Il faut parler, mon enfant.

— Alors, monsieur, si un mauvais homme vous attaque la nuit, par exemple, pour vous voler, il faut donc se laisser faire ?

— Bien certainement, non. Ce serait trop commode

pour les coquins. Quand on vous attaque, il faut repousser l'attaque. C'est ce qu'on appelle le **droit de légitime défense.** C'est même plus qu'un droit : on a le devoir de se défendre, quand ce ne serait que pour ne pas encourager les brigands. Si, chaque fois qu'ils essayent d'attaquer un brave homme, ils avaient à s'en repentir, ils se dégoûteraient vite du métier.

Évitez les querelles, les batailles entre vous, elles se terminent souvent mal.

Maintenant, il ne faut pas non plus abuser du *droit de légitime défense.* D'abord, il ne faut pas faire comme Ribaut le braconnier, qui a tiré un coup de fusil sur Grillou son camarade, et lui a cassé un bras parce que l'autre, en se disputant, venait de lui donner un coup de poing. Cela, c'est de la violence, de la vengeance et de la méchanceté. Il ne faut faire que ce qui est nécessaire pour empêcher votre agresseur de vous faire du mal. De plus, il ne faut user du droit de légitime défense que s'il n'y a pas là d'autorité pour vous défendre ; sinon, il faut s'adresser à elle : **on ne doit pas se faire justice soi-même.**

Pénétrez-vous bien de ces vérités-là, mes amis. *Il n'est jamais trop tôt pour s'habituer au respect de la vie humaine.* Commencez dès à présent par éviter les querelles, les batailles entre vous. Elles se terminent souvent mal, par de tristes accidents. Et, en tout cas, on y prend des habitudes grossières et brutales. *Jeu de mains, jeu de vilains.*

Maintenant, pour respecter la personne d'autrui, il ne suffit pas de respecter la vie, le corps des gens : il faut aussi *respecter leur* **honneur**. L'honneur vaut encore plus que la vie : et la preuve, c'est qu'un homme qui a du cœur se fait tuer, quand il est soldat, pour qu'on ne dise pas de lui : « C'est un lâche ! »

Ainsi donc, quand on **calomnie** une personne, c'est-à-dire quand on lui attribue faussement une mauvaise action ou un vilain défaut, *on lui prend son honneur*; et c'est pire que si on lui prenait la vie, parce que c'est plus **traître** : *le calomniateur attaque toujours par derrière.*

La **médisance** est moins abominable, puisque celui qui médit ne fait que dire la vérité; seulement, c'est une vérité qui porte atteinte à la réputation de quelqu'un, et il aurait pu se dispenser de la dire. C'est là une action méchante : si chacun racontait tout le mal qu'il sait des autres, la moitié de l'humanité haïrait l'autre à mort.

TRENTE-SEPTIÈME LEÇON

LE RESPECT DES PROPRIÉTÉS

Mes enfants, j'entends dire, depuis quelques jours, que le verger de M. Dufort est mis au pillage, on ne sait pas par qui. J'espère bien que personne d'entre vous n'y est pour rien. **Ce serait un vrai déshonneur pour l'école, s'il s'y trouvait un voleur.**

Jacques, vous levez la main. Ce n'est pas pour vous accuser : vos parents habitent là-bas au hameau, vous ne venez à la commune que pour la classe, et c'est la nuit que se font ces vilains coups.

— En effet, monsieur. Seulement, vous dites que ce sont des voleurs. Mais, j'ai souvent entendu dire que *marauder n'est point voler* : ce n'est donc pas vrai ?

— Assurément non, mais vous allez en juger vous-même. Voyons, mon Jacques, est-ce que les fruits du verger de M. Dufort ont poussé tout seuls ?

— Bien sûr que non, monsieur. C'est Antoine, le jardinier, qui a planté les poiriers : je l'ai vu plus d'une fois occupé à les tailler, à les arroser. Il passe sa vie à y travailler. Il les aime tellement que, l'an dernier, après la grande gelée, il pleurait presque, parce qu'il

Frauder à l'octroi, c'est voler l'État, par conséquent c'est voler tout le monde.

fallait en arracher dix que le froid avait fait mourir.

— Eh bien ! si ces fruits ont coûté tant de peine, croyez-vous donc que le père Antoine, qui les a fait pousser, n'y tient pas ? et croyez-vous que M. Dufort doit être bien aise de voir disparaître ce qui a donné tant de soucis à son jardinier, qu'il paye et entretient ?

Allons, convenez d'une chose : c'est que ces poires, *c'était le travail du père Antoine, et c'était la propriété de M. Dufort.* Et ceux qui les ont prises *ont pris le bien d'autrui, le fruit du labeur d'autrui.* Il n'y a pas deux noms pour les nommer : **ce sont des voleurs.**

C'est comme ceux qui vont dans les bois communaux ou dans les forêts de l'État *prendre du bois ou tendre des lacets* pour le gibier. Ou encore ceux qui fraudent à la **douane** ou bien à l'**octroi**, et qui font entrer des marchandises sans payer. Ils disent tous qu'ils ne volent pas. Si c'est du bois ou du gibier qu'ils enlèvent, ils disent que *les forêts ne sont à personne.* Si c'est les droits de douane ou d'octroi qu'ils fraudent, ils disent encore qu'ils ne trompent que l'État, et que *l'État, ce n'est personne.* Croyez-vous que ce soient là des raisons ?

Dites-moi, Jacques, il y a ici une boîte où beaucoup d'entre vous mettent de temps en temps un sou : c'est la **Caisse d'épargne scolaire.** Si quelqu'un venait pendant que je ne suis pas là, s'il ouvrait la boîte pour y prendre vos sous, diriez-vous que c'est un voleur?

— Ah ! bien sûrement, oui, monsieur.

— Eh bien ! la Caisse d'épargne, c'est comme l'État: *elle n'est à personne, parce qu'elle est à tout le monde.* Chacun de vous a mis sa part, petite ou grosse, dans cette boîte; et chaque Français contribue pour sa part à la douane ou à l'octroi.

Et les maraudeurs de bois, les braconniers, que font-ils ? Les uns prennent du bois qui appartient à l'État ou à la commune, du bois que l'État ou la commune doit vendre pour payer ses créanciers. Si chacun en prenait un peu, les forêts seraient bientôt au pillage, elles ne rendraient plus rien, et il faudrait augmenter d'autant les impôts. Quant au gibier, les braconniers le détruisent; ils tuent tout, les mères et les petits, à tort et à travers, sans s'occuper de savoir s'il en restera pour reproduire l'année d'après. Si on les laissait faire, il n'y en aurait bientôt plus, sans compter qu'ils ne payent pas de permis de chasse, ce qui est une fraude faite aux dépens de l'État, c'est-à-dire à nos dépens à tous.

Braconniers, maraudeurs, fraudeurs, tout cela, voyez-vous, mes amis, **ce sont des voleurs;** ils ne volent pas que des particuliers, ils volent tout le monde : voilà la seule différence.

TRENTE-HUITIÈME LEÇON

LA LIBERTÉ DE CONSCIENCE. — LA TOLÉRANCE EN MATIÈRE RELIGIEUSE

— L'homme n'a pas seulement droit à disposer de

son corps, de ses forces, de son travail, en toute liberté. *Les opinions* aussi *sont libres de plein droit*, pourvu, bien entendu, qu'en les exprimant ou en les publiant, on ne fasse tort à personne.

Je suis libre de penser que le commerce de mon voisin va mal et qu'il pourrait bien un de ces jours être ruiné. Mais si je vais crier cela sur les toits, de façon à tuer son crédit, il pourra me poursuivre en justice, et me demander des **dommages-intérêts**, pour avoir contribué à sa perte.

Je suis libre de penser que quelques lois sont mauvaises, et qu'il faut les changer. Mais si j'excite mes concitoyens à se révolter contre elles, à commettre le **crime de rébellion**, je suis le complice des rebelles, et je serai puni autant qu'eux pour le moins.

— Monsieur, est-on libre aussi d'avoir la religion qu'on veut ?

— Oui, mon ami, en France, grâce à la Révolution, tout citoyen peut aujourd'hui choisir librement une religion quelle qu'elle soit et il peut aussi n'en pratiquer aucune ; c'est là le principe de la **liberté de conscience**. Bien entendu, là comme en toutes choses, la loi nous oblige à respecter la liberté et les droits d'autrui. **La loi passe avant tout.**

— Mais alors, monsieur, le Gouvernement n'a donc pas le droit d'imposer une religion ?

— Assurément non, car l'État n'a pas à avoir de préférences en fait de religion : *il ne doit pas y avoir de religion d'État*, parce que l'État, c'est la chose de tout le monde, et que la religion est l'affaire de chacun.

— Mais, monsieur, l'ancien maire, M. Simard, disait l'autre jour à papa que la loi sur les associations était une atteinte à la liberté de conscience ; ce n'est donc pas vrai ?

— Non, mon enfant, car il n'y a aucun rapport entre les droits dont se réclame la liberté de conscience et les privilèges que s'arrogeaient les associations non autorisées. Ces associations, qui n'étaient que tolérées, faisaient de la politique, souvent des affaires, et agissaient envers la République comme des ennemies. Le gouvernement en décidant leur dissolution, a agi dans l'intérêt de l'État dont le premier devoir est de se protéger.

Quant à la liberté de conscience, elle a toujours été respectée en France depuis la Révolution.

Il est évident que lorsque le roi Louis XIV a révoqué l'Édit de Nantes, par lequel Henri IV avait assuré aux protestants la pleine liberté de pratiquer leur culte, il a porté atteinte à la liberté de conscience puisqu'il voulait les forcer à se faire tous catholiques.

Mais, aujourd'hui, nous avons appris à respecter les convictions les uns des autres. Aussi les horreurs des anciennes persécutions ne sont plus à craindre : *celui qui voudrait imposer de force tel ou tel culte à tous les Français trouverait à qui parler.* Le temps est passé où l'on disait aux gens : il faut croire ceci, il faut professer cela. Depuis la Révolution, on traite les hommes en êtres raisonnables : quand on veut qu'ils croient une chose, on tâche de la leur faire bien comprendre et de la leur prouver clairement.

Telle est la *méthode de la science :* c'est elle qui émancipe les esprits. Soyez des hommes instruits, accoutumez-vous à demander la raison des choses, et jamais vous ne serez ni dupés ni asservis dans vos opinions.

ENTRETIENS

1. Que devient l'enfant à sa majorité ?

A sa majorité, l'enfant devient un citoyen et un homme.

2. Définissez l'homme digne de ce nom.

Un homme digne du nom de citoyen respecte et aime tous ses semblables comme des égaux et des frères.

3. Qu'est-ce qui fait paraître les sauvages si au-dessous de nous ?

Les sauvages les plus abrutis ne semblent au-des-

sous de nous que par l'effet de la misère et du
mauvais exemple.

4. Peut-on dire que certains hommes sont faits pour être
esclaves ?

Il ne faut jamais dire d'un homme : « C'est un
sauvage, donc il est fait pour être esclave. » C'est
là une parole abominable.

5. Quand la France a-t-elle libéré les esclaves de ses colonies ?

La France a délivré tous les esclaves de ses colonies
en 1848.

6. Où est-ce que les hommes sont tous libres ?

Aujourd'hui, partout où règne la civilisation européenne, tout homme est libre de sa personne.

7. Comment la liberté de chacun doit-elle être limitée ?

La liberté de chacun doit être limitée de façon à ne
pas empiéter sur la liberté d'autrui.

8. Pourquoi celui qui viole le droit d'autrui n'est-il plus dans son
droit ?

Celui qui viole le droit d'autrui n'est plus dans son
droit parce qu'il n'y a pas de droit contre le droit.

9. Pourquoi faut-il respecter la personne et le bien d'autrui ?

Il faut respecter les personnes et leurs biens. Autrement, ce serait la guerre de tous contre tous.

10. Comment faut-il considérer l'homme qui en frappe un autre ?

Un homme qui en frappe un autre n'est plus un
homme, c'est une brute.

11. Quand avons-nous le droit de légitime défense ?

Nous avons le droit de légitime défense, quand on
nous attaque.

12. Peut-on faire tout le mal qu'on veut en se défendant ?

Quand on est attaqué, il ne faut faire que le nécessaire pour empêcher votre agresseur de vous faire
du mal.

13. Comment les enfants peuvent-ils s'habituer à respecter la personne humaine ?

Les enfants doivent s'habituer à respecter la personne humaine. Ils ne doivent jamais se battre. Jeu de mains, jeu de vilains.

14. Pourquoi faut-il respecter l'honneur des gens ?

Il faut respecter l'honneur des gens, car il est plus précieux pour eux que la vie.

15. Qu'est-ce que le calomniateur ?

Le calomniateur est un voleur d'honneur et un traître.

16. Qu'est-ce que la médisance ? — Quel en est l'effet ?

La médisance est un vilain défaut : elle finirait par rendre la société des hommes impossible.

17. Pourquoi la maraude est-elle un vol ?

La maraude est un vol : les fruits ne poussent pas seuls ; celui qui les prend dérobe le produit du travail d'autrui.

18. Qui est volé par ceux qui pillent les forêts de l'État ?

Ceux qui prennent du bois dans les forêts de l'État volent le Trésor, c'est-à-dire tout le monde.

19. Peut-on dire que voler l'État n'est pas voler ?

Il ne faut pas dire : « Voler l'État n'est pas voler. » C'est comme si on disait : « Voler la Caisse d'épargne scolaire, ce n'est pas voler. »

20. Que volent les braconniers ?

Les braconniers volent à l'État le gibier qu'ils détruisent à tort et à travers, sans compter le prix du permis de chasse qu'ils ne payent pas.

21. A quelles conditions les opinions sont-elles libres ? — Comment se nomme cette liberté ?

Les opinions sont libres, à condition qu'en les publiant on ne fasse de tort à personne. C'est là la liberté de conscience.

22. Peut-on professer une religion contraire aux lois ?

On ne peut pas professer une religion contraire aux lois ; la loi passe avant tout.

23. L'État peut-il avoir sa religion à lui ?

L'État ne doit pas avoir de préférence en fait de religion ; il n'y a pas de religion d'État.

24. Que sont les persécutions ? — Qu'a fait Louis XIV en chassant les protestants ?

Les persécutions sont toujours des crimes inutiles. Louis XIV, en chassant les protestants de France, n'a réussi qu'à ruiner la France et à lui semer des ennemis dans toute l'Europe.

25. Nous suffit-il de ne pas persécuter les croyances de nos concitoyens ?

Non, il ne nous suffit pas de ne pas persécuter les croyances de nos concitoyens, notre devoir nous oblige encore à les respecter.

26. Peut-on imposer une religion aux Français ?

Personne ne peut imposer tel ou tel culte aux Français, qui sont libres de croire ce qu'ils veulent.

27. Quel est le rôle de la méthode de la science.

La méthode de la science émancipe les esprits et les élève.

Devoirs d'examen.

I. Expliquez pourquoi il n'est pas permis de réduire même des sauvages en esclavage. — Montrez que le mieux pour l'homme est de vivre en société.

II. Racontez l'histoire d'un voleur qui aurait essayé de pénétrer dans une maison de votre voisinage, la nuit. Dites comment il a été blessé, pris, mis en prison. — Montrez qu'on a usé contre lui du droit de légitime défense, sans l'outrepasser.

III. Qu'est-ce que la médisance et la calomnie ? — Montrez-en la bassesse par des exemples.

IV. Réfutez ce préjugé : qu'on peut frauder et être honnête homme.

V. Expliquez en quoi consiste la liberté de conscience.

CHAPITRE XII
HUMANITÉ ET PATRIE

Sommaire. — TRENTE-NEUVIÈME LEÇON : La fraternité humaine.
— QUARANTIÈME LEÇON : Il faut aimer tous les hommes.

TRENTE-NEUVIÈME LEÇON

LA FRATERNITÉ HUMAINE

— Mes enfants, les hommes ne sont pas seulement nos égaux, et il ne suffit pas de les respecter. Ils sont aussi nos **frères**, et *il faut tâcher de les aimer ;* et surtout de vous faire aimer d'eux.

Il y a des personnes que vous aimez *tout naturellement :* ce sont vos **parents**, parce qu'ils vous ont donné la vie, qu'ils vous aiment et vous soignent ; vos **voisins**, parce qu'ils sont serviables et que vous êtes habitués à eux.

Vous aimez même toutes les personnes du village, tous les habitants du département, et enfin tous vos **compatriotes** qui vivent dans le même pays, sur la terre de France. Ce que je vous dis là vous étonne ?

— Mais, monsieur, comment pourrions-nous les aimer : nous ne les avons jamais vus ?

— Comment vous pouvez les aimer ? Écoutez-moi, Jacques : aimez-vous votre grand'mère, qui est morte quand vous aviez six mois ?

— Oh ! oui, monsieur, maman me dit toujours qu'elle n'a jamais connu de femme meilleure ; elle m'aimait beaucoup, et, en mourant, elle avait mis de côté des jouets et des livres pour me les donner : elle disait que cela me ferait penser à elle. Et puis il y a son portrait à côté de mon lit : c'est une belle vieille dame, avec des cheveux tout blancs ; quand on la regarde, elle a l'air de vous sourire.

— Vous voyez, Jacques ; vous aimez votre grand'mère, et quand on vous parle d'elle, vous avez presque envie de pleurer. Et cependant autant vaut dire que vous ne l'avez jamais vue. Eh bien ! c'est à peu près de la même façon que vous aimez tous vos compatriotes, tous les enfants de la terre française. Vous vous rappelez, quand il y a eu des inondations dans le Midi ; je vous ai lu alors dans le journal tous les malheurs de ces pauvres gens, les villages dévastés, les récoltes et les bestiaux noyés, une partie des familles tuées ; vous aviez les larmes aux yeux ; et quand j'ai passé dans vos rangs pour faire la quête, afin d'envoyer du secours à ces malheureux, vous avez tous donné quelque chose, les uns des sous, les autres des habits, chacun selon ses moyens et de bon cœur.

Et quand je vous ai parlé des **Alsaciens** et des **Lorrains**, qui, à la suite de la guerre de 1870, quittaient leur pays, affirmant ainsi leur intention de rester français ; quand je vous ai raconté comment ils allaient, par bandes, abandonnant les maisons où ils avaient toujours vécu, avec leurs valises sur le dos ou leurs meubles chargés sur des charrettes pour venir demander l'hospitalité à Nancy, à Paris, jusqu'en Algérie ! Alors aussi vous avez eu pitié de ces infortunés. Et même vous, Jacques,

Après la guerre de 1870, un grand nombre d'Alsaciens-Lorrains ont quitté leur pays.

vous disiez que vous voudriez leur venir en aide, et leur témoigner votre sympathie et votre affection. D'ailleurs, vos camarades étaient du même avis que vous.

— C'est vrai, monsieur! C'est vrai! Nous l'avons dit et nous le ferions.

— C'est donc que vous comprenez que les inondés du Midi et les Alsaciens-Lorrains sont comme nos frères et que nous devons d'autant plus les aimer qu'ils ont été plus malheureux.

QUARANTIÈME LEÇON

IL FAUT AIMER TOUS LES HOMMES

Mais ce n'est pas tout encore. **Il faut aimer tous les hommes,** *même ceux qui ne sont pas Français.*

Souvenez-vous de ceci, mes enfants : c'est que *les Français ont toujours mis leur gloire à servir l'humanité.* Et l'humanité, cela comprend tous les peuples.

En effet, chaque peuple a ses qualités à lui : tous contribuent, à leur manière et selon leur capacité, au progrès de l'humanité. *Il faut donc les respecter tous,* **à condition qu'ils respectent d'abord la France.** Si l'un d'eux est injuste envers elle, il faut se lever pour le punir, d'abord parce que, *pour un Français, la France passe avant tout,* mais aussi pour lui apprendre une vérité que je vais vous dire ; la voici :

« **Toutes les nations sont égales** ; il n'y en a pas d'inférieures ni de supérieures. Il n'y en a pas qui soient faites pour opprimer les autres, et il n'y en a pas non plus qui soient faites pour souffrir de l'oppression. Les peuples se doivent mutuellement respect et assistance comme les concitoyens d'un même pays : car *si les citoyens sont les membres de la nation, les nations sont les membres de l'humanité !* »

ENTRETIENS

1. Quelles sont les personnes qu'on aime naturellement ?

On aime d'abord ses parents, puis les personnes que l'on connaît et qui ont été bonnes avec nous.

2. Quels hommes aimons-nous sans les connaître ?

Nous aimons aussi les gens du même pays, nos compatriotes, sans les connaître.

3. Qui devons-nous aimer encore ?

Il faut aimer en outre tous les hommes, même ceux qui ne sont pas Français.

4. Que sont les nations entre elles ?

Les nations sont égales entre elles.

5. Que sont-elles par rapport à l'humanité.

De même que les citoyens sont les membres de la nation, les nations sont les membres de l'humanité.

6. En quoi consiste la gloire de la France ?

La gloire de la France consiste à avoir toujours pensé au bien de toutes les nations.

Devoirs d'examen.

I. Qu'est-ce que la solidarité des citoyens d'une même nation dans le malheur ? Donnez des exemples.

II. Montrez, par des exemples historiques, que la France a toujours songé au bien de l'humanite.

TABLE DES MATIÈRES